EL INCREÍBLE LIBRO DEL
SISTEMA SOLAR

Autora Rosalind Mist
Consultor Jerry Jennings
Editora Amanda Askew
Investigación de imágenes Maria Joannou
Traductora Macarena Salas

Editor Steve Evans
Directora Creativa Zeta Davies

Las palabras en **negrita** se pueden encontrar en el glosario de la página 118.

Créditos de las fotografías (p = portada,
a = arriba, d = debajo, i = izquierda, d = derecha,
c = centro)

Calvin J Hamilton 87tcd

Corbis NASA 9d, NASA 44d, Denis Scott 56, 59d,
60–61, Reuters 60d, NASA/Roger Ressmeyer 68d,
Bettmann 87d, Denis Scott 99a, Firefly Productions
86–87, Bryan Allen 116–117, Dennis di Cicco 108d,
Sanford/Agliolo 113d, Reuters/Ali Jarekji 114–115

ESA/SOHO 17, JPL/USGS 21, 24, 36d, 38d, 57t, 60a,
72l, 78l, NASA 78r, 79, 80a, 81b, 106i, 108i, 110ai, 110ad

Istock GeorgiosArt 86t

NASA p,16, 20, 23, 26–27, 26i, 27d, NASA JPL/USGS
30, 31a, 34i, 34–35, 36, 37a, 40a, 40d, 42–43, 43a, 45d,
Johns Hopkins University Applied Physics Laboratory/
Carnegie Institution of Washington 31d, 33c, 33, 38i,
44–45, 49a, 57c, 57d, 63c, Goddard Space Flight Center
48, JPL 58i, JPL/Cornell University 62–63, 63a, 63d,
JPL/Malin Space Science Systems 61, JPL/USGS 58d,
JPL-Caltech/University of Arizona/Cornell/Ohio State
University 59a, 70, 71a, 75d, 76–77, 80d, 81a, Johns
Hopkins U APL/SWRI 71d, Hubble Heritage Team
(STScI/AURA) 75a, JPL 68i, 74, JPL/DLR 69, JPL/Space
Science Institute 72d, JPL/University of Arizona 73a,
JPL/University of Arizona 73a, NSSDC 66–67, Reta
Beebe (New Mexico State University)/D Gilmore,
L Bergeron (STScI) 73d, 111d, HiRISE, MRO, LPL (U
Arizona), JPL 110dd, JPL/MSSS 103a, JPL-Caltech 110di,
NSSDC 102a, 111a, Stephen Ostro et al (JPL)/Arecibo
Radio Telescope/NSF 103d 84–85, 87aci, 87ad, 88a,
European Space Agency 89,92, 93, 96a, 98a, 99c, 99d,
Dr R Albrecht/ESA/ESO Space Telescope European
Coordinating Facility 96d, Johns Hopkins University
Applied Physics Laboratory/Southwest Research
Institute 96–97, JPL 87ai, 87ac, 88d, 90a, 91, 93d, JPL/
STSci 85d, JPL-Caltech 98d

Images de Getty Uriel Sinai 43d, John Thys/AFP
116d, NASA 113a

Science Photo Library Chris Butler 32, David A
Hardy 41, Pekka Parviainen 39, US Geological Survey
35d, Detlev Van Ravenswaay 104–105, Mike Agliolo
106–107, Gordon Garradd 109c, John Foster 112,
NASA 116a, Rev Ronald Royer 109i, 109d, 102d

Shutterstock 8–9, 12–13, 14, 15, 19a, 19c, 19d, 22, 25i,
25d, 49d, 50–51, 52–53, 54d, 55a, 55d

Tamas Ladanyi 107d

EL INCREÍBLE LIBRO DEL SISTEMA SOLAR

Rosalind Mist

QEB Publishing

Contenido

Asteroides, cometas y meteoros

El Sistema Solar

El Sistema Solar está formado por el Sol y todo lo que orbita **o gira a su alrededor.**

Esto incluye a los planetas y sus lunas, además de los **meteoros**, **asteroides** y **cometas**.

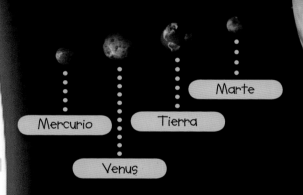

Mercurio

Venus

Tierra

Marte

Júpiter

El Sol está en el centro de nuestro Sistema Solar. Está a **161 millones de** kilómetros de la Tierra.

Sol

¡DATO ESTELAR!
Algunos planetas brillan y se ven en el cielo por la noche porque reflejan la luz del Sol.

* El tamaño de los planetas está a escala aproximada, pero la distancia entre ellos no está a escala.

Saturno

Neptuno

Urano

El Sol y los planetas del Sistema Solar se formaron hace miles de millones de años. Estaban hechos de gas y de polvo. El Sol es una estrella que empezó a brillar hace unos cinco mil millones de años. En el Sistema Solar hay ocho planetas: Mercurio, Venus, Tierra, Marte, Júpiter, Saturno, Urano y Neptuno.

El Sistema Solar se mantiene unido por una fuerza invisible llamada **gravedad**. En la Tierra, la gravedad hace que la gente no salga volando al espacio.

Los **astronautas**, para saber cómo es la sensación de no tener peso en el espacio, se meten en un avión especial. A este avión lo llaman "el cometa del vómito" porque muchos se marean durante el vuelo.

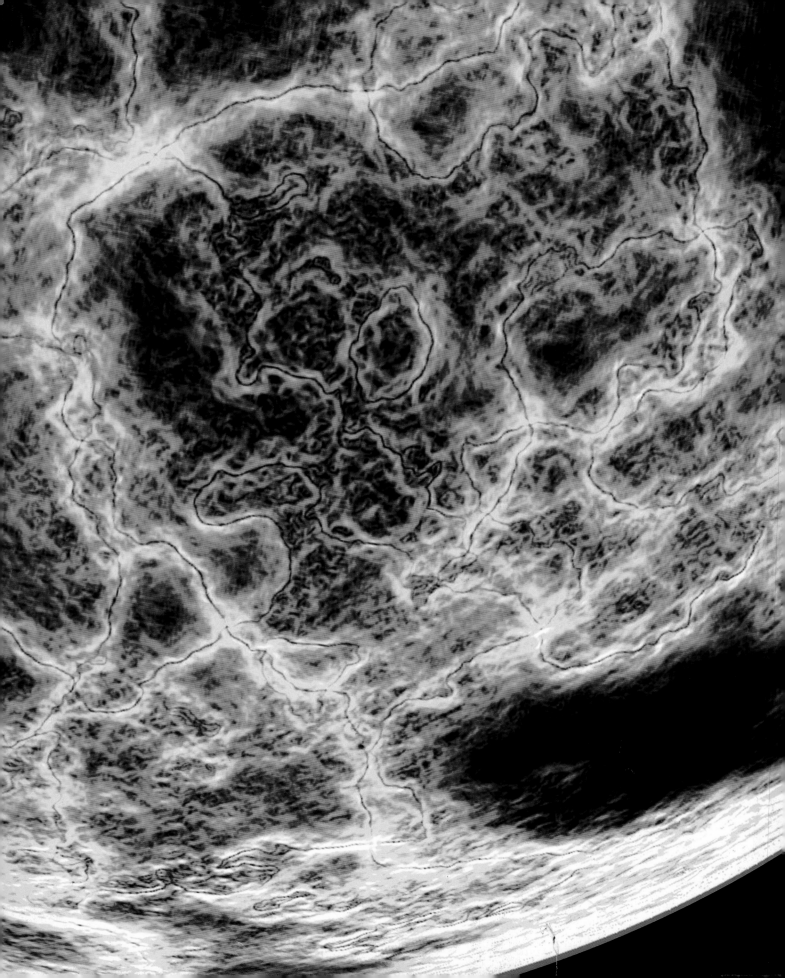

EL SOL Y LA LUNA

El Sol

El Sol es una estrella, como las que ves por la noche en el cielo.

Está en el centro de nuestro Sistema Solar y es la estrella más cercana a la Tierra.

El Sol no es sólido como la tierra. Es una bola gigante de gas en ebullición muy caliente. Envía calor y luz al espacio.

¡DATO ESTELAR!

El Sol parece más grande que las otras estrellas porque está más cerca de la Tierra. La siguiente estrella está unas 300,000 veces más lejos.

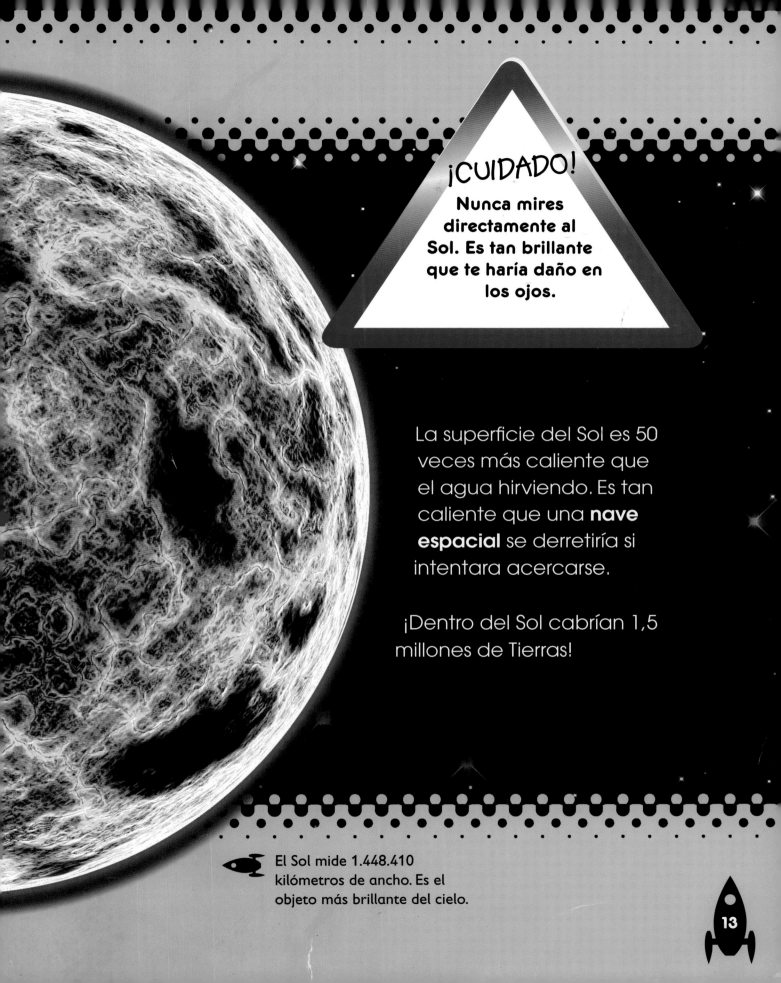

La superficie del Sol es 50 veces más caliente que el agua hirviendo. Es tan caliente que una **nave espacial** se derretiría si intentara acercarse.

¡Dentro del Sol cabrían 1,5 millones de Tierras!

El Sol mide 1.448.410 kilómetros de ancho. Es el objeto más brillante del cielo.

La luz del Sol

El Sol emite una luz que viaja 161 millones de kilómetros hasta la Tierra.

Los rayos del Sol sólo tardan ocho minutos y 20 segundos en llegar a la Tierra.

Sólo podemos ver las cosas cuando hay luz. De noche, sin la luz del Sol, todo está oscuro y hace más frío que de día.

Cuando un lado de la Tierra mira hacia el Sol, ahí es de día. En el lado opuesto de la Tierra, donde no da la luz del Sol, es de noche.

Noche

Día

14

La luz del Sol está compuesta de distintos colores, no sólo de amarillo. Hay siete colores: rojo, naranja, amarillo, verde, azul, índigo y violeta. Cuando la luz del sol atraviesa las gotas de lluvia, se forma un arco iris y se pueden ver todos los colores.

Sin el Sol, las plantas no crecerían. Muchos animales, incluyendo a los humanos, necesitan las plantas para vivir.

Luz del Sol

Gas oxígeno

Gas dióxido de carbono

Alimento

Agua

Las plantas usan la luz del Sol para convertir el gas **dióxido de carbono** y el agua en alimentos y en gas **oxígeno**.

El arco iris hace una curva en el cielo. El borde exterior del arco iris es rojo y el interior es violeta.

Haz un arco iris

Ponte cerca de una pared y apunta la luz de una linterna sobre un CD viejo. Mueve el CD. ¿Puedes ver el arco iris en la pared? ¿Puedes ver los siete colores diferentes?

Tormentas en el Sol

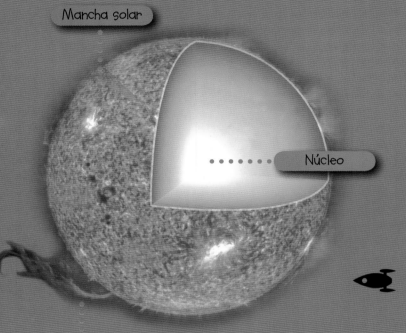

Mancha solar

Núcleo

El Sol produce luz y calor.

El núcleo o centro del Sol es la parte más caliente. Los gases calientes suben desde el núcleo a la superficie del Sol. Cuando los gases se queman, se produce luz y calor.

El Sol tiene muchas capas. El núcleo es unas 3000 veces más caliente que la superficie.

Llamaradas de gas

La superficie del Sol tiene áreas oscuras llamadas manchas solares que son más frías que las áreas amarillas.

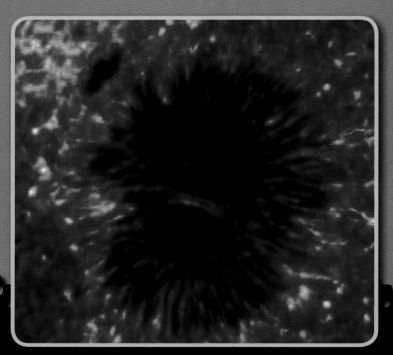

 Las manchas solares las descubrió el astrónomo Galileo Galilei. Algunas manchas solares pueden durar semanas e incluso meses.

El Sol lanza grandes llamaradas de gas caliente al espacio. Estas llamaradas son explosiones enormes, ¡incluso más grandes que la Tierra!

 Cuando los gases del Sol se queman, se forman unas tormentas muy potentes. Esta llamarada de gas mide unos 305.775 kilómetros de ancho, ¡eso es 23 veces más grande que la Tierra!

Llamaradas de gas ··········

¡DATO ESTELAR!
Podemos usar la **energía** del Sol. Algunos **paneles solares** absorben el calor del Sol para calentar agua. Otros absorben la luz y la convierten en electricidad.

Eclipse solar

Cuando la Luna se pone directamente entre el Sol y la Tierra, se produce un eclipse solar.

Durante el eclipse, se vuelve todo oscuro, como si fuera de noche. La Luna tapa el Sol y la luz no llega a la Tierra. A veces la Luna lo tapa por completo y otras veces sólo tapa una parte.

¡DATO ESTELAR!
El siguiente eclipse solar ocurrirá el 13 de noviembre de 2012. ¿Por qué no le pides a un adulto que lo vea contigo?

Tierra

Sol

Sombra del eclipse

Luna

 Cuando la Luna tapa al Sol por completo, se produce un eclipse total.

 Estas gafas especiales te permiten ver un eclipse solar ya que bloquean los peligrosos rayos del Sol y te protegen los ojos.

Para ver un eclipse tienes que ponerte unas gafas especiales. Si no lo haces, te puedes dañar los ojos. Durante los eclipses, los científicos pueden ver un gas caliente alrededor del Sol. Este gas se extiende más de un millón de kilómetros hacia el espacio.

El gas caliente que hay alrededor del Sol, llamado **corona**, normalmente no se puede ver.

 Cuando la Luna empieza a moverse, la corona del Sol brilla como si fuera un anillo de diamantes.

La Luna

La Luna es una esfera redonda, dura y rocosa. Es más pequeña que la Tierra; de hecho, en la Tierra podrían caber casi cuatro Lunas. La Luna orbita, gira alrededor, de la Tierra.

Tierra

La Luna es el objeto más brillante que se ve en el cielo por la noche.

Luna

La Luna está hecha de rocas de color claro. Estas rocas reflejan la luz del Sol. La Luna no produce su propia luz.

Desde la Tierra, parece que el Sol y la Luna son igual de grandes, pero en realidad el Sol es mucho más grande que la Luna. Parecen iguales porque el Sol está mucho más lejos que la Luna.

Cráter más grande

Siempre vemos el mismo lado de la Luna. Las naves espaciales que se lanzan al espacio nos permiten ver el otro lado de la Luna. En el otro lado hay más cráteres y menos zonas oscuras.

 El cráter más grande de nuestro Sistema Solar se encuentra en el lado oculto de la Luna. Mide unos 2.414 kilómetros de ancho, casi la mitad del tamaño de Estados Unidos.

¡DATO ESTELAR!

Los científicos creen que la Luna está hecha de rocas del planeta Tierra y de un planeta pequeño que chocó contra la Tierra hace mucho tiempo.

En la superficie

Cuando las rocas se chocan contra la Luna, hacen unos agujeros llamados cráteres.

Algunos cráteres son tan grandes que podrían caber dentro una ciudad como Londres. Hay unos 500.000 cráteres que miden más de 80 metros, el tamaño de 20 piscinas olímpicas.

¡DATO ESTELAR!
La Luna se puede ver tanto de día como de noche, pero es más difícil verla de día.

Mar

La Luna tiene muchas zonas oscuras y claras. Las zonas oscuras se llaman **mares**. Son planos y están llenos de rocas hechas de **lava**. Las zonas claras son más altas que los mares.

La superficie de la Luna tiene muchas irregularidades. Las zonas claras están llenas de cráteres.

Vista lunar

Sal al exterior por la noche con un adulto y observa la Luna. Si puedes, utiliza binoculares o un telescopio. ¿Puedes ver las zonas oscuras? ¿Puedes ver los cráteres?

Al formarse un cráter saltan las rocas y el polvo se queda en el borde.

Luna llena, media Luna

La Luna tarda aproximadamente un mes en dar la vuelta a la Tierra. La Luna parece que cambia de forma porque al moverse le da la luz del Sol en distintas partes. Nosotros sólo podemos ver las partes que reflejan la luz del Sol. El resto de la Luna está en sombra y no se puede ver.

Luna llena

Las distintas formas que tiene la parte que brilla de la Luna se llaman las fases de la Luna.

¡DATO ESTELAR!
Cuando la Luna está alta en el cielo, parece que es más grande.

Cuando la Luna parece redonda, se llama Luna llena. Cuando sólo se ve la mitad de la Luna, se llama media Luna.

Media Luna

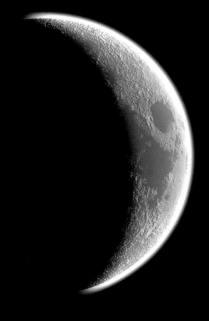
Luna creciente

En la fase de Luna creciente parece que le han dado un buen bocado. Cuando hay Luna Nueva, la Luna está totalmente en sombra y no se puede ver.

Estudio lunar

Todas las noches durante un mes, dibuja la forma que tiene la Luna. ¿Puedes poner el nombre de las distintas fases? ¿Puedes explicar por qué la Luna cambia de forma?

Vuelo a la Luna

La Luna está muy lejos, a 386.243 kilómetros.
Si pudieras ir en auto, ¡tardarías más de cuatro meses en llegar! Los astronautas son personas que viajan al espacio. Van en cohetes y transbordadores espaciales que van muy deprisa.

¡DATO ESTELAR!
Desde la Tierra podemos ver la Luna salir y esconderse. ¡Los astronautas que orbitan la Luna pueden ver la Tierra salir y esconderse!

En la década de 1960 y 1970, unos astronautas fueron a la Luna en una nave espacial llamada Apollo. Sólo tardaron tres días en llegar.

La misión más famosa a la Luna fue el *Apollo 11* en 1969. Neil Armstrong

En la actualidad, los astronautas viajan por el espacio en **transbordadores espaciales**. Estas naves van a la **Estación Espacial Internacional**.

Los astronautas viajaron por la Luna en **astronaves**. Recogieron rocas en la Luna y las trajeron a la Tierra. Los científicos las estudiaron para averiguar cuántos años tiene la Luna.

Al recorrer la Luna, los astronautas descubrieron que era rocosa, seca y polvorienta.

Los científicos también mandaron **sondas espaciales** a la Luna. Las sondas hacen experimentos para descubrir de qué está hecha la Luna. Hasta el momento las sondas han recolectado lava, metales ¡e incluso hielo!

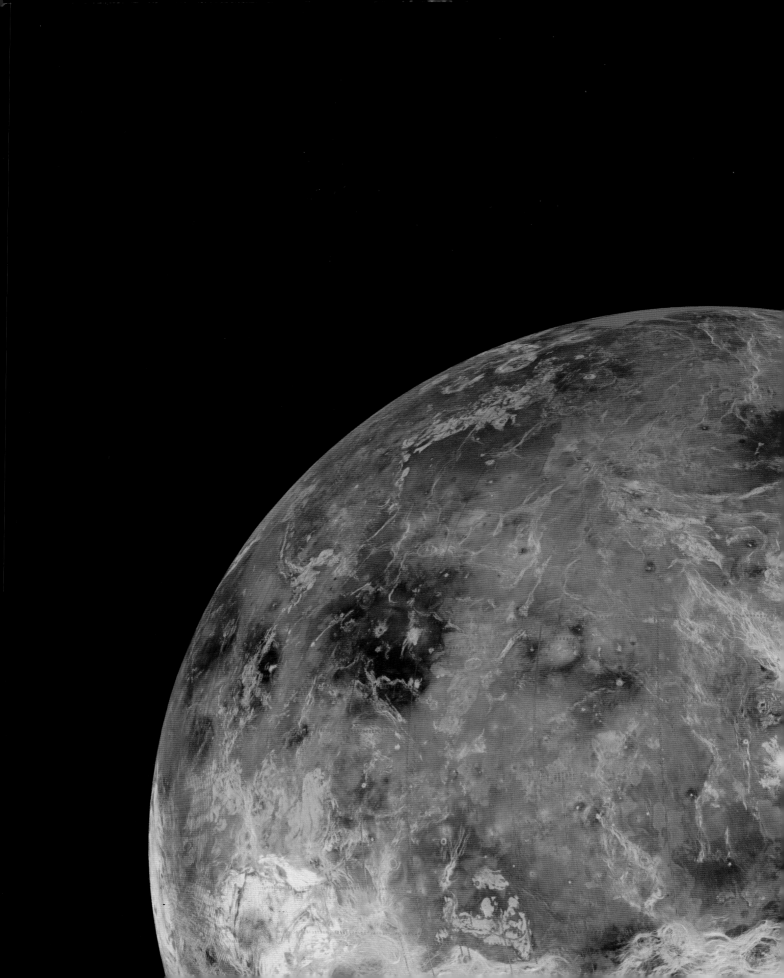

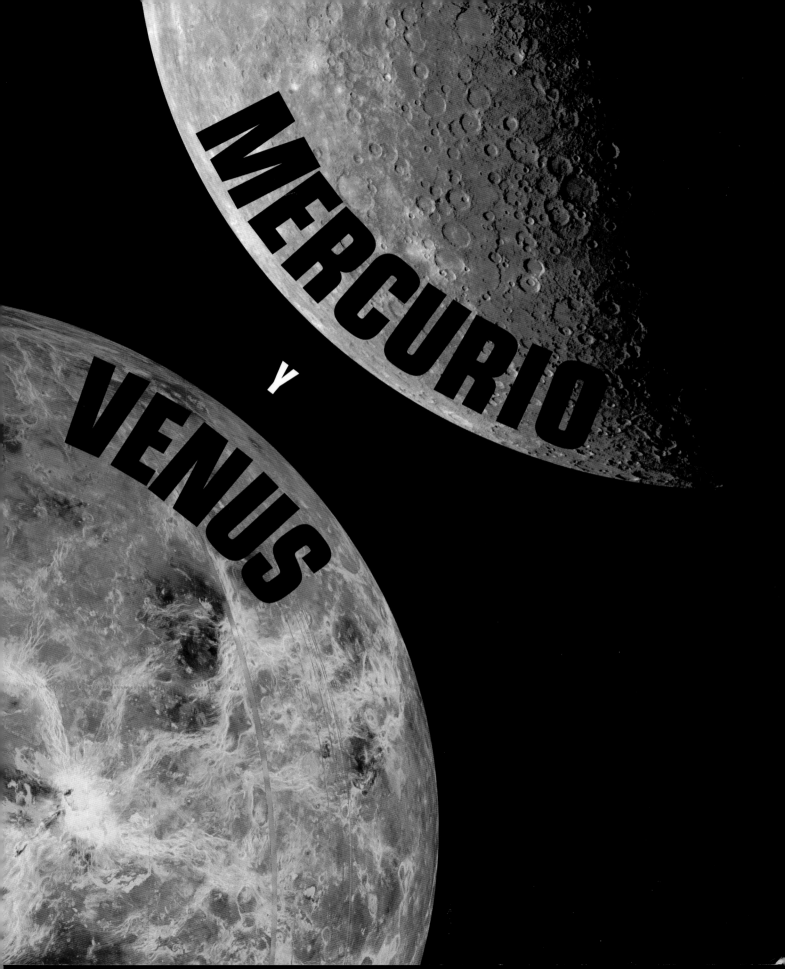

Mercurio

Mercurio es el planeta que está más cerca del Sol.
También es el planeta más pequeño de nuestro Sistema Solar.
Es un poco más grande que la Luna de la Tierra. Mercurio no
tiene ninguna luna propia.

Mercurio

Venus

Tierra

Mercurio es un planeta seco y rocoso.
Tiene la superficie cubierta de agujeros
llamados **cráteres**. Los cráteres se forman
cuando los meteoros y los cometas se
estrellan contra el planeta.

 Mercurio y Venus son
planetas rocosos y secos,
pero son muy diferentes.

Mercurio está tan cerca del Sol que durante el día hace muchísimo calor. ¡Pero por la noche hace mucho frío!

¡DATO ESTELAR!

A Mercurio le llamaron así por el dios mensajero romano que, al igual que el planeta, se mueve muy rápido. ¡Mercurio avanza a 48 kilómetros por segundo!

Mercurio se parece a la Luna. Tiene cráteres de miles de millones de años. Se crearon cuando se formó el Sistema Solar.

Frío y calor

Mercurio es diferente a otros planetas porque da vueltas muy despacio.

Un día en Mercurio equivale a 176 días en la Tierra. Mercurio da una vuelta alrededor del Sol cada 88 días. Eso quiere decir que un año en Mercurio corresponde a 88 días en la Tierra. ¡Un día en Mercurio es el doble de largo que un año!

 En Mercurio hay luz durante 88 días y oscuridad durante otros **88 días**.

¡DATO ESTELAR!

La superficie de Mercurio es arrugada. Cuando su núcleo o centro se enfrió, el planeta encogió, como si fuera un globo que ha perdido aire.

Ver en la oscuridad

• • • • • • • • • • • • • • •

En una noche oscura, enciende una luz en casa y sal con un adulto. Quédate cerca de la puerta. ¿Puedes ver el cielo? Ahora mira donde no haya luz y observa el cielo. ¿Puedes ver algo? ¡Tal vez verás Mercurio!

En Mercurio hace mucho calor durante los 88 días de luz. La temperatura puede llegar a los 427°C. Hace tanto calor que se derretiría hasta el **plomo**.

El lado oscuro de Mercurio es tan oscuro que no se puede ver nada. En 2008, los científicos vieron Mercurio de cerca por primera vez, incluyendo el lado oscuro.

Cuando en Mercurio se pone el sol, la temperatura baja a -179°C. Si en la Tierra hiciera tanto frío, el aire pasaría de ser gas a líquido.

Mundo de cráteres

Mercurio está prácticamente cubierto de cráteres.

A los cráteres profundos que hay cerca del polo norte de Mercurio nunca les da la luz del sol. Los científicos creen haber encontrado hielo en estos cráteres, a pesar de que Mercurio esté tan cerca del Sol.

El cráter más grande de Mercurio es la Cuenca Caloris. Mide 1545 kilómetros de ancho y 1,6 kilómetros de profundidad.

Van Eyck

Fidias

Sófocles

Valmiki

Shelley

Cuenca Caloris

Miguel Ángel

Wagner

Bach

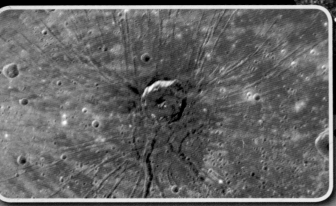

El cráter "araña" que se encuentra dentro de la Cuenca Caloris tiene unas grietas profundas que parecen patas de araña.

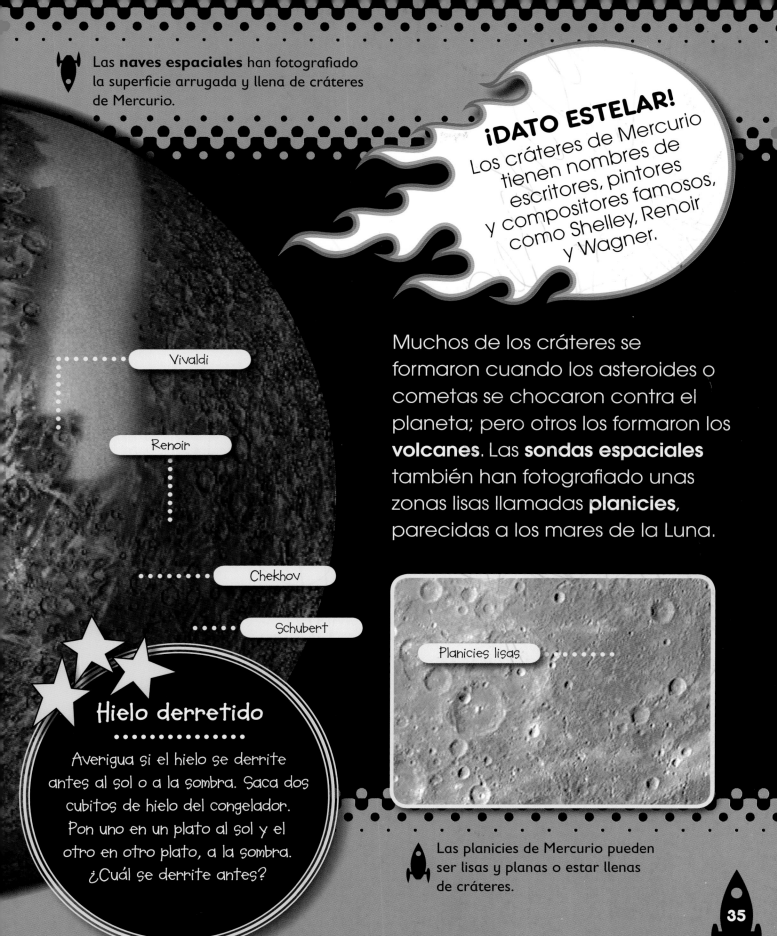

Las **naves espaciales** han fotografiado la superficie arrugada y llena de cráteres de Mercurio.

¡DATO ESTELAR!

Los cráteres de Mercurio tienen nombres de escritores, pintores y compositores famosos, como Shelley, Renoir y Wagner.

Muchos de los cráteres se formaron cuando los asteroides o cometas se chocaron contra el planeta; pero otros los formaron los **volcanes**. Las **sondas espaciales** también han fotografiado unas zonas lisas llamadas **planicies**, parecidas a los mares de la Luna.

Vivaldi

Renoir

Chekhov

Schubert

Planicies lisas

Hielo derretido

Averigua si el hielo se derrite antes al sol o a la sombra. Saca dos cubitos de hielo del congelador. Pon uno en un plato al sol y el otro en otro plato, a la sombra. ¿Cuál se derrite antes?

Las planicies de Mercurio pueden ser lisas y planas o estar llenas de cráteres.

Explorar los planetas

Para explorar los planetas los científicos utilizan sondas espaciales.

Las sondas espaciales pueden sobrevolar u orbitar un planeta. Algunas sondas espaciales aterrizan en la superficie de los planetas rocosos o las lunas.

¡DATO ESTELAR!
El **Telescopio Espacial Hubble** no puede fotografiar Mercurio porque el planeta está demasiado cerca del Sol.

 La *Mercury Messenger* se lanzó en el 2004. Pasará por delante de Mercurio tres veces antes de empezar a orbitar el planeta en el año 2011.

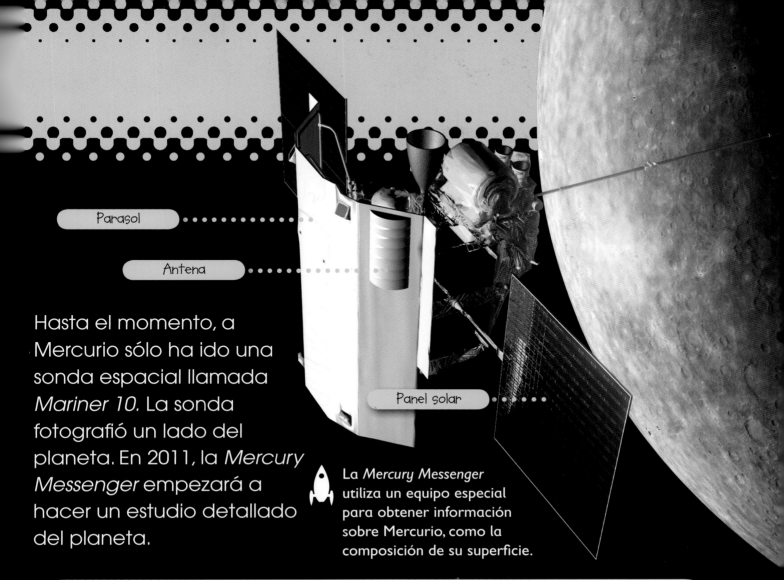

Parasol

Antena

Panel solar

Hasta el momento, a Mercurio sólo ha ido una sonda espacial llamada *Mariner 10.* La sonda fotografió un lado del planeta. En 2011, la *Mercury Messenger* empezará a hacer un estudio detallado del planeta.

La *Mercury Messenger* utiliza un equipo especial para obtener información sobre Mercurio, como la composición de su superficie.

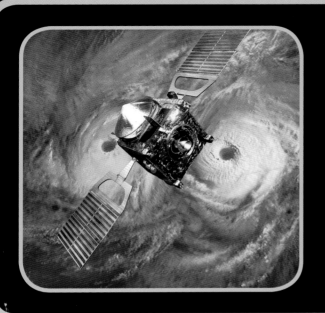

A Venus ya lo han visitado 20 sondas espaciales. Es el planeta más visitado del Sistema Solar. La *Venus Express* está ahí ahora. Está estudiando las nubes y la superficie de Venus.

 La *Venus Express* llegó a Venus en el 2006. Sus alas son **paneles solares** que recogen la luz del sol y proporcionan energía a la nave espacial.

Venus

Venus es el segundo planeta más cercano al Sol.

Venus orbita el Sol entre Mercurio y la Tierra. Este planeta tiene un tamaño muy parecido a la Tierra, pero un aspecto muy diferente. Al igual que Mercurio, Venus es un planeta sin lunas.

Venus fue el primer planeta al que se envió y aterrizó una sonda espacial. La superficie de Venus es muy suave; no tiene muchos cráteres.

DATO ESTELAR!

En Venus no hay estaciones y la temperatura es igual en todo el planeta. ¡Siempre hace mucho calor!

Busca Venus

Venus se puede ver al atardecer o al amanecer.

La estrella del anochecer

Venus es la primera luz brillante que se ve en el cielo cuando se pone Sol.

La estrella del amanecer

Venus es la última luz brillante que se ve en el cielo al salir el Sol.

 En este dibujo de Venus se muestra cómo sería el planeta si no tuviera nubes.

Las nubes que rodean a Venus son tan espesas que los científicos tienen que utilizar instrumentos especiales para ver la superficie.

Se puede ver Venus en el cielo si no está demasiado cerca del Sol. Parece como una estrella brillante que no tintinea.

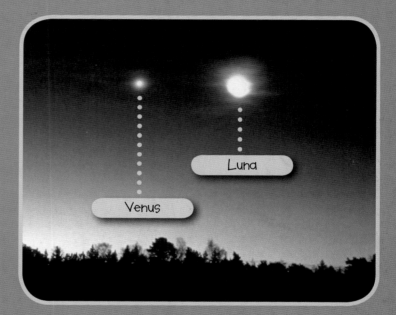

Luna

Venus

 Después del Sol y la Luna, Venus es el objeto más brillante en el cielo. Es tan brillante que a veces se puede ver cuando no se ven otras estrellas.

Calor y más calor

Los planetas se calientan cuando les da la luz del sol.

Cuanto más cerca está un planeta del Sol, más calor hace. Mercurio debería ser el planeta más caliente, pero Venus se llega a poner más caliente que Mercurio a pesar de estar más lejos del Sol.

 En Mercurio casi no hay atmósfera porque el viento del Sol la arrastra.

Venus se pone muy caliente porque tiene una **atmósfera** muy gruesa. La atmósfera es una capa de gases que rodea un planeta o una luna y evita que se escape el calor. La atmósfera de Venus es mucho más gruesa que la de la Tierra. Está hecha sobre todo de un gas llamado **dióxido de carbono**.

¡En Venus siempre está nublado! Las nubes de Venus no están hechas de agua; están hechas de ácido.

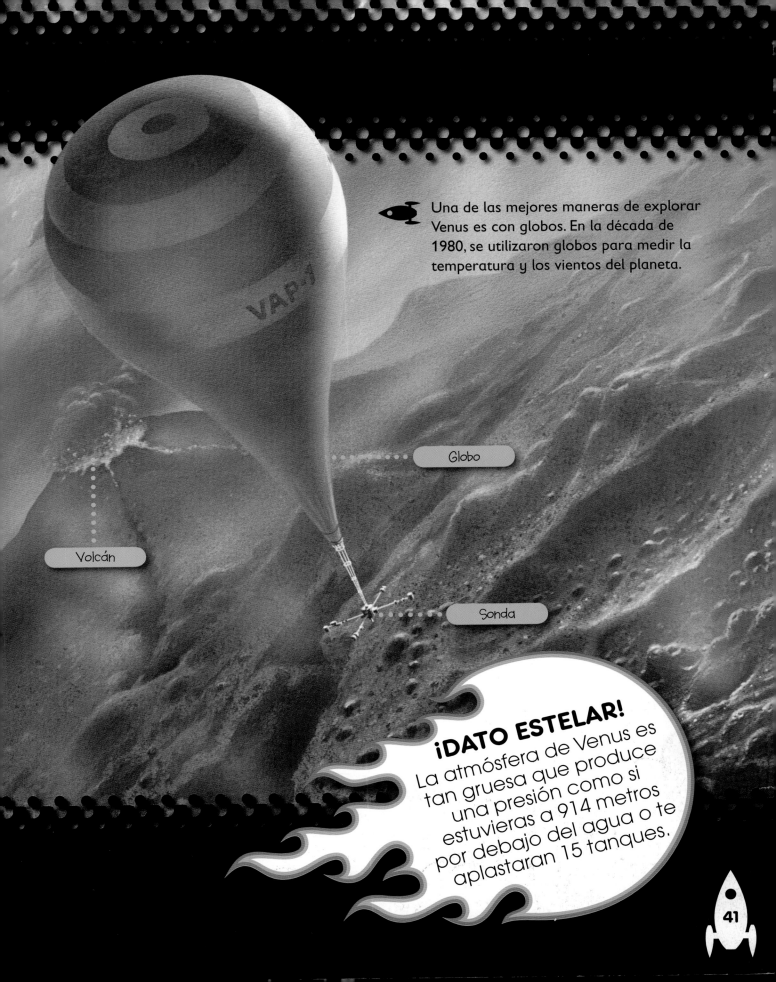

Una de las mejores maneras de explorar Venus es con globos. En la década de 1980, se utilizaron globos para medir la temperatura y los vientos del planeta.

Globo

Volcán

Sonda

¡DATO ESTELAR!

La atmósfera de Venus es tan gruesa que produce una presión como si estuvieras a 914 metros por debajo del agua o te aplastaran 15 tanques.

Cruzar el Sol

A veces Venus pasa entre el Sol y la Tierra.

A esto se le llama tránsito y se puede ver desde la Tierra. El planeta se ve como un pequeño punto que pasa por delante del Sol.

 El tránsito ocurre cuando un planeta se pone directamente entre el Sol y la Tierra. Los únicos planetas que pueden transitar el Sol son Mercurio y Venus.

¡DATO ESTELAR!
Los tránsitos de Mercurio pasan con bastante frecuencia, unas 13 veces cada 100 años. El último tránsito ocurrió el 8 de noviembre de 2006.

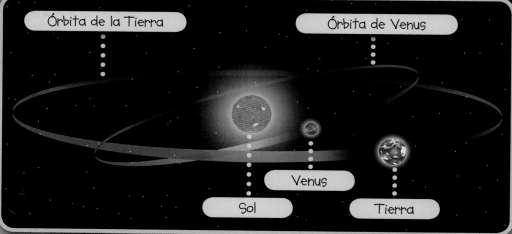

Órbita de la Tierra

Órbita de Venus

Tierra

Venus

Sol

Tierra

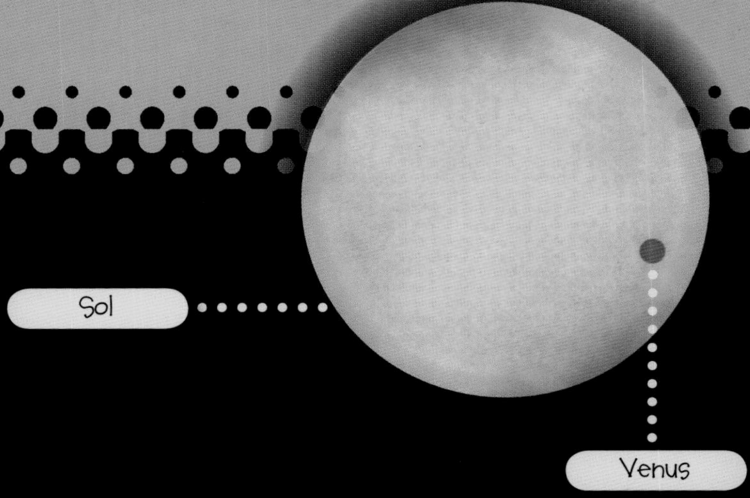

Sol ·········

Venus

El planeta tapa un círculo de luz del sol y parece como si le hubiera salido un punto al Sol en la superficie.

Los tránsitos de Venus sólo suceden una vez cada varios cientos de años, ¡y después hay dos en ocho años! Los científicos ahora pueden predecir cuándo van a suceder los tránsitos.

Para mirar el Sol tienes que usar unas gafas especiales que bloquean los peligrosos rayos.

El último tránsito de Venus sucedió el 8 de junio de 2004 y duró seis horas. El siguiente tránsito ocurrirá del 5 al 6 de junio de 2012.

Volcanes

En Venus hay tantas nubes que no se puede ver la superficie.

Sin embargo, los científicos han descubierto que debajo de las nubes de Venus hay muchos volcanes.

 De los volcanes de Venus salen unas rocas calientes llamadas **magma**. Salen a la superficie como **lava** y al enfriarse le dan a Venus una superficie suave.

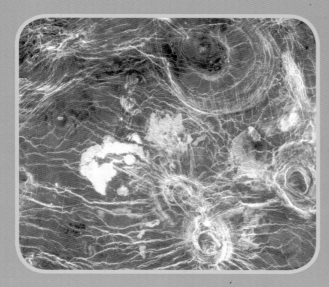

Venus tiene más volcanes que ningún otro planeta en el Sistema Solar. Se han descubierto más de 1600 volcanes importantes. La mayoría de los volcanes de Venus probablemente están **inactivos**.

 En Venus, hay unas extrañas figuras con forma de araña que en realidad son grandes agujeros de volcanes rodeados de muchas grietas.

El volcán más grande de Venus es el Maat Mons. Tiene 8 kilómetros de altura; casi tan alto como el Monte Everest. La sonda *Magallanes* ha descubierto indicios de que el Maat Mons puede que siga activo.

 La sonda *Magallanes* se pasó más de cuatro años orbitando Venus para trazar un mapa de la superficie del planeta.

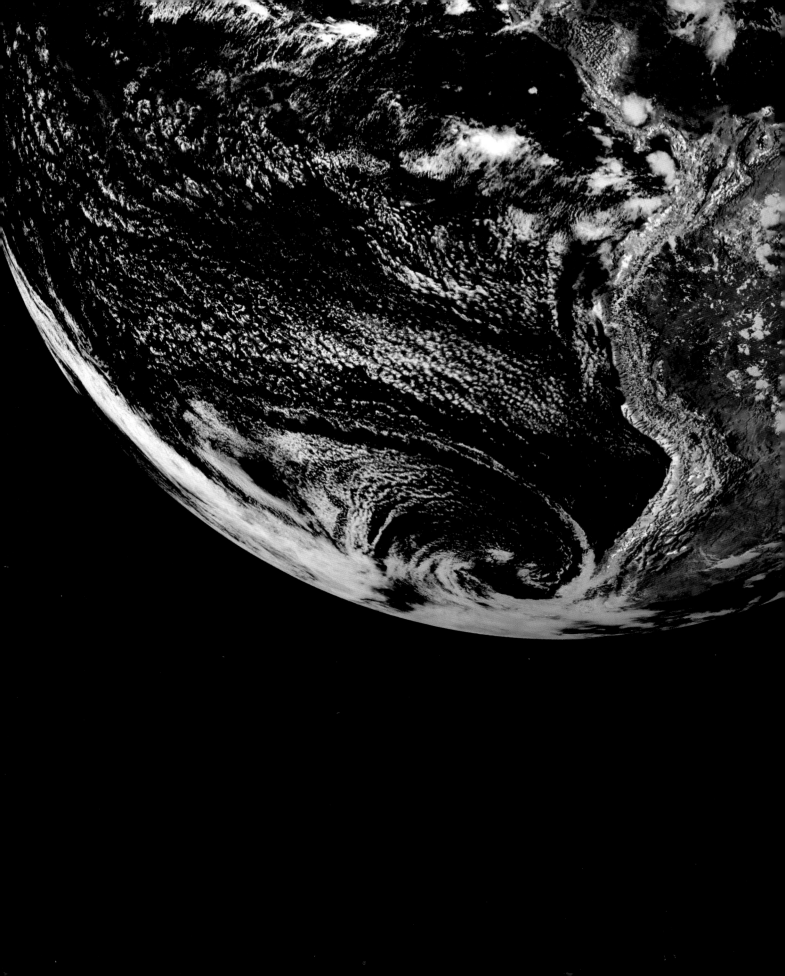

TIERRA Y MARTE

El planeta Tierra

La Tierra es el planeta donde vivimos.

Es el tercer planeta que está más cerca del Sol, entre Marte y Venus. Desde el espacio parece como una canica azul, verde y blanca. Este aspecto se lo dan los océanos, la tierra y las nubes. El 70 por ciento de la superficie de la Tierra está cubierto de agua.

¡DATO ESTELAR!
La Tierra se formó hace 4600 millones de años. Empezó como unas nubes enormes de gas y polvo que daban vueltas.

Luna

Tierra

La Tierra tiene una luna. Es seca y polvorienta, no tiene aire y está llena de cráteres.

Aunque la Tierra es muy grande, su atmósfera es muy fina.

Una capa fina de aire rodea la Tierra. A esta capa se le llama **atmósfera**. La atmósfera permite que las plantas, animales, incluyendo los humanos, puedan respirar. La Tierra es un planeta muy especial porque, de momento, parece ser que es el único planeta en el que es posible la vida.

Los **satélites** fotografían la Tierra desde el espacio. Los científicos utilizan estas fotografías para estudiar el tiempo, los mares y los continentes.

El interior de la Tierra

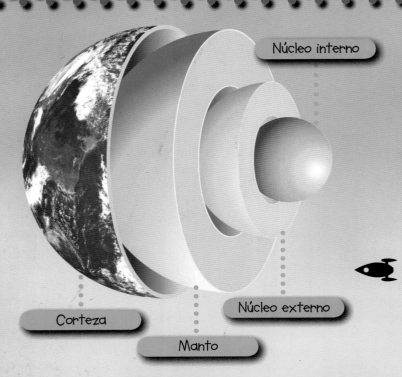

Núcleo interno

Núcleo externo

Corteza

Manto

La Tierra tiene cuatro capas.

La corteza es la capa sobre la que vivimos. Está hecha de grandes masas de roca sólida que flotan sobre una roca caliente y suave que hay por debajo.

La Tierra es como una cebolla con cuatro capas. Para obtener información sobre estas capas, los científicos miden los terremotos y su recorrido por la Tierra.

Debajo de la corteza hay una capa de roca caliente llamada manto. En algunos sitios, la roca está tan caliente que se ha derretido. La roca derretida se llama **magma**. Cuando un **volcán** hace erupción, sale el magma. Al salir se llama **lava**.

¡DATO ESTELAR!

Cuando las distintas partes de la corteza de la Tierra se chocan entre sí, se crean las montañas, los volcanes entran en erupción y hay terremotos.

La siguiente capa está compuesta sobre todo de hierro líquido llamado núcleo externo. El hierro líquido gira y hace que la Tierra funcione como un **imán** gigante. El polo norte está en el Ártico y el polo sur está en la Antártica.

El centro de la Tierra está compuesto sobre todo de hierro sólido. Esta es la parte más caliente y se llama núcleo interno.

⭐⭐⭐

Huevo terrestre

· · · · · · · · · · · · · · ·

La Tierra es como un huevo cocido.
La cáscara es la corteza.
La clara es el manto.
La yema es el núcleo externo e interno.
Pídele a un adulto que te ayude a abrir un huevo cocido para ver las tres partes.

 El magma o roca derretida que hay dentro de la Tierra es muy caliente y suave. Puede salir por los volcanes formando ríos calientes de lava roja.

Día y noche

La Tierra gira como una peonza alrededor de un eje.
Da una vuelta completa en las 24 horas que forman un día. Todas las partes del mundo, excepto los polos, tienen día y noche. Cuando un lado de la Tierra está mirando al Sol, la luz del Sol brilla sobre ese lado y es el día. En el otro lado, el que no mira al Sol, es de noche.

Día en América del Sur

A medida que la Tierra da vueltas, el Sol brilla sobre una mitad de la Tierra, donde es de día.

Noche en América del Sur

Cuando ese mismo lado deja de mirar al Sol, se vuelve oscuro y el día da paso a la noche.

Sombras

Sal a la calle un día soleado y mira al suelo. ¿Puedes ver tu sombra? Haz sombras con una linterna y un trozo de papel. Te saldrán mejor si la habitación está a oscuras.

Durante el anochecer y el amanecer, el cielo puede tener un color anaranjado, rojizo o incluso rosado.

Cuando el Sol empieza a ponerse, el lugar de la Tierra en el que vives le empieza a dar la espalda. A ese momento del día se le llama anochecer. Cuando el Sol empieza a salir, la parte de la Tierra en la que vives empieza a mirar hacia el Sol. A eso se le llama amanecer.

Durante el verano, en la parte más al norte del mundo, el Sol nunca se pone del todo. Es de día durante las 24 horas. Se llama el Sol de media noche.

 Durante un día, el Sol sale y se pone, trazando un camino en el cielo.

Las estaciones

La Tierra orbita, o da vueltas, alrededor del Sol.

Tarda un año en dar una vuelta completa al Sol. Durante este año tenemos cuatro estaciones: primavera, verano, otoño e invierno.

El **eje** de la Tierra está inclinado. Durante el año, la Tierra gira alrededor del Sol y no todas las partes del mundo reciben la misma cantidad de luz solar. Cuando las zonas del norte, como Europa y América del Norte, están cerca del Sol, es verano, pero cuando están lejos, es invierno.

En la Tierra hay estaciones porque el eje sobre el que gira está inclinado. Cuando una parte de la Tierra está mirando hacia el Sol, es verano. Cuando esa misma parte mira hacia el lado contrario, es invierno.

¡DATO ESTELAR!
Las estaciones en Australia son al revés que en Europa. Cuando Europa está cerca del Sol, Australia está lejos y al revés.

Verano

 En verano los días son largos y el Sol está alto en el cielo. El tiempo es caluroso y las flores crecen.

 En primavera, el Sol está más alto en el cielo y los días empiezan a ser más largos. Las plantas empiezan a crecer y nacen las crías de los animales.

Primavera

 En invierno, el Sol está bajo y los días son cortos. Hace frío y muchas plantas se mueren.

Invierno

 En otoño, los días empiezan a hacerse más cortos y el Sol está más bajo. Hace más frío y los árboles pierden las hojas.

Otoño

Marte, el planeta rojo

Marte es el cuarto planeta con relación al Sol y se encuentra entre la Tierra y Júpiter.
Es aproximadamente la mitad de grande que la Tierra. Tiene un color rojizo, anaranjado porque su tierra es de color rojo óxido.

Marte

Tierra

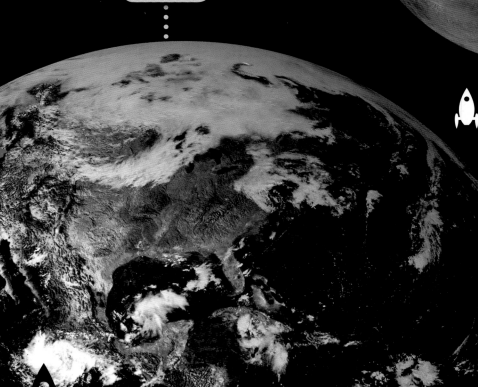

Marte está cubierto de colinas, cráteres y volcanes. En el planeta no hay agua líquida. No hay océanos ni lagos.

56

Marte tiene una superficie seca y rocosa. Los científicos piensas que en Marte debió de haber agua líquida, pero sólo se ha podido encontrar agua en los **casquetes polares**.

 La superficie de Marte parece un desierto seco y rocoso. Las astronaves de exploración que hay en Marte tienen que ir sorteando las rocas para explorar el planeta.

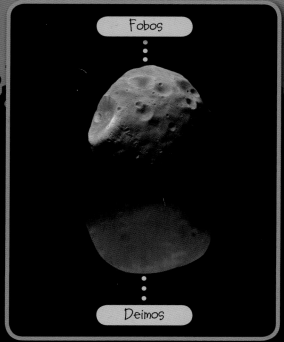

Fobos

Deimos

 Fobos y Deimos parecen asteroides. Probablemente provienen del Cinturón de asteroides.

Marte tiene dos lunas llamadas Fobos y Deimos. Son rocosas y mucho más pequeñas que nuestra Luna. Están cubiertas de cráteres. Fobos pasa alrededor de Marte una vez cada siete horas y media. Deimos tarda 30 horas en orbitar o dar la vuelta a Marte.

¡DATO ESTELAR!
A veces Marte tiene atardeceres rosados por el polvo rojo que hay en el aire.

En Marte

Marte tiene un volcán llamado Olympus Mons que es el volcán más grande y más alto del Sistema Solar. Es unas tres veces más alto que el Everest, la montaña más alta de la Tierra.

¡DATO ESTELAR!
Olympus Mons es casi tan grande como Inglaterra.

Cráter Victoria

Olympus Mons

Valles Marineris

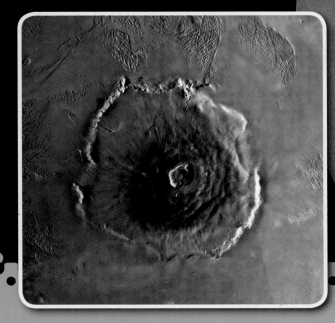

 El Olympus Mons no ha entrado en erupción desde hace por lo menos dos millones de años.

Llena un cuenco hasta la mitad con arena, sal o arcilla. Tira dentro rocas o canicas. Mira las formas que dejan tus cráteres.

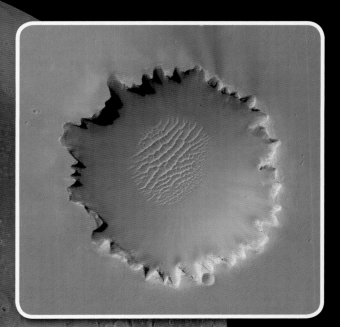

 El cráter Victoria mide unos 732 metros de diámetro. La Astronave de Exploración de Marte, *Opportunity*, lo está explorando.

Cuando una roca grande se choca contra un planeta o una luna, deja un gran cráter. Marte está lleno de cráteres.

El Valles Marineris es el cañón más grande del Sistema Solar. Se extiende casi hasta un cuarto de la superficie de Marte.

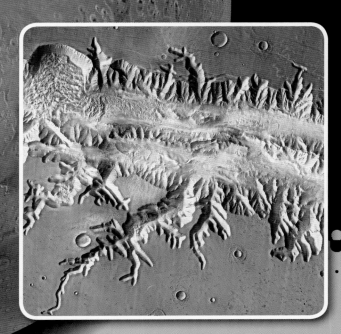

 El Valles Marineris es enorme. Mide más de 2897 kilómetros de longitud. El Gran Cañón de Estados Unidos ocuparía sólo una pequeña parte de este cañón.

Planeta borrascoso

En Marte puede haber vientos muy fuertes.

¡A veces todo el planeta es una enorme tormenta de polvo!

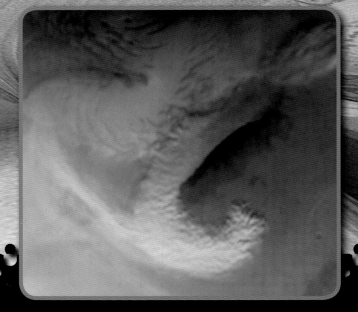

¡DATO ESTELAR!
En Marte hay muy poca agua, pero a veces se forman nubes finas. En Marte nunca llueve.

 Las zonas rojas son polvo de los volcanes y las partes oscuras son rocas. El viento mueve el polvo durante las grandes tormentas de polvo.

En Marte hay demonios de polvo, que son unos remolinos de viento y polvo, como pequeños tornados. Las astronaves que están explorando Marte se llenan de polvo. Cada vez que los remolinos de un demonio de polvo les pasan por encima, hay que limpiarlas.

 Los demonios de polvo en Marte pueden ser pequeños y suaves, pero también pueden ser mucho más grandes que los que ocurren en la Tierra.

Cerca del polo norte de Marte hay un valle largo y profundo. Las zonas oscuras y claras muestran las capas de hielo y arena.

Christiaan Huygens (1629–1695)

Christian Huygens fue la primera persona que vio una mancha blanca en Marte. Ahora sabemos que es un casquete polar. Huygens también descubrió que un día en Marte es casi tan largo como un día en la Tierra.

Casquete polar

Marte tiene casquetes polares, al igual que la Tierra. Al observar los casquetes polares de Marte, los científicos descubrieron que en Marte también hay estaciones. Durante el verano, el hielo se derrite y los casquetes polares se hacen más pequeños. En invierno, los casquetes polares vuelven a crecer.

Exploración de Marte

Muchas sondas espaciales han visitado Marte.
Algunas incluso han aterrizado en su superficie.

En 2004, las Astronaves de Exploración de Marte, *Spirit* y *Opportunity*, aterrizaron en Marte. Son como autos con control remoto. Los científicos los manejan desde la Tierra y los llevan lentamente por el planeta. Ya han trepado colinas y explorado cráteres.

Cámar

Antena que manda información a la Tierra

Herramienta para recolectar rocas

 La *Spirit* se mueve lentamente para no quedarse atascada o que no se le pase algo interesante.

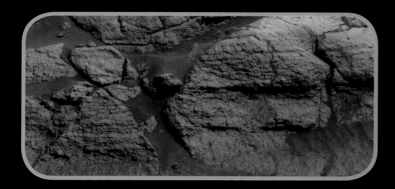

Las astronaves pueden tomar fotos de Marte. También pueden medir la temperatura. Tienen unos aparatos especiales para analizar las distintas rocas e incluso recoger polvo del aire.

Las astronaves han hecho muchos descubrimientos. Los científicos ahora piensan que hace muchos años debió de haber agua líquida en Marte.

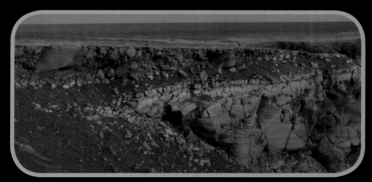

Al observar los distintos tipos de rocas que hay en Marte, los científicos pueden descubrir cómo era antes el planeta.

¡DATO ESTELAR!

Antes se pensaba que las Astronaves de Exploración de Marte estarían tres meses allí, pero ya llevan más de cuatro años trabajando.

JÚPITER

y

SATURNO

Júpiter

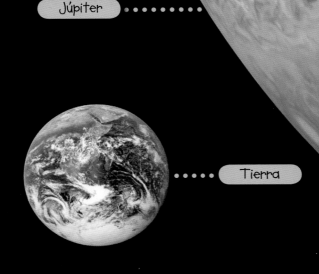

Júpiter es el planeta más grande del Sistema Solar.

Es tan grande como todos los otros planetas juntos. Aunque en Júpiter podrían caber 1321 Tierras, este planeta sigue siendo más pequeño que el Sol. La única parte sólida de Júpiter es un pequeño núcleo rocoso o centro. El resto está hecho de gas. Todo lo que se ve son nubes.

Júpiter

Tierra

Júpiter es el quinto planeta desde el Sol, y está entre Marte y Saturno. Está muy lejos del Sol, unas cinco veces más lejos que la Tierra del Sol.

Para ser un planeta tan grande, Júpiter gira a gran velocidad. Un día de Júpiter sólo dura unas diez horas.

¡DATO ESTELAR!

Los antiguos griegos llamaron al planeta Zeus por el rey de sus dioses. Júpiter es el nombre romano de Zeus.

¿Cómo de grande es Júpiter?

· · · · · · · · · · · · · ·

Haz tu propio sistema solar con frutas y verduras para mostrar los diferentes tamaños (pero no las formas) de los planetas.

Fríjol pequeño (Mercurio)   Toronja (Júpiter)

Uva (Venus)   Naranja (Saturno)

Cereza (Tierra)   Durazno (Urano)

Guisante (Marte)   Ciruela (Neptuno)

Con esta misma escala, el Sol mediría más de un metro de diámetro. ¡Más grande que un hula hoop)

 Júpiter es unas 11 veces más ancho que la Tierra, ¡pero el Sol es diez veces más ancho que Júpiter!

Las lunas de Júpiter

Júpiter tiene más de 63 lunas.
Tiene lunas de todos los tamaños y 14 de ellas se descubrieron hace tan poco tiempo que ni siquiera tienen nombres. Cuatro de las lunas de Júpiter son tan grandes que se pueden ver desde la Tierra con un **telescopio** pequeño.

Io es la luna que es tan más cerca de Júpiter y la más importante. Es muy colorida y tiene muchos **volcanes activos**. Algunos de estos volcanes son más altos que el Everest, la montaña más alta de la Tierra. Los volcanes producen una sustancia llamada **sulfuro** que hace que Io sea de color amarillo.

 Los volcanes de Io son los más calientes de todos los astros del Sistema Solar, excepto por el Sol.

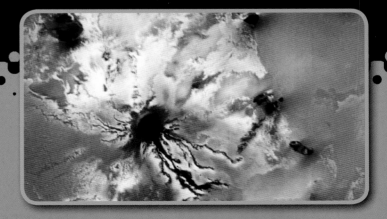

 Io no tiene muchos **cráteres** porque su superficie se está cubriendo lentamente de **lava**.

Europa

Calisto

Ganímedes

Europa, Calisto y Ganímedes son lunas rocosas cubiertas de hielo.

Ganímedes es la luna más grande del Sistema Solar. Europa es la luna más pequeña de las cuatro lunas principales. Calisto está en el medio y tiene un tamaño parecido a Mercurio. Los científicos piensan que puede que haya océanos debajo del hielo de estas lunas. En el futuro, es posible que envíen un robot a Júpiter para explorar Europa.

Galileo Galilei

En 1610, el **astrónomo** italiano Galileo Galilei descubrió las cuatro lunas más grandes de Júpiter: Io, Europa, Ganímedes y Calisto. Por eso se llaman las lunas de Galileo. De 1995 a 2003, la **sonda espacial** *Galileo* orbitó o dio vueltas a Júpiter y envió información sobre el planeta y sus lunas.

Planetas nublados

Júpiter y Saturno parecen dos nubes gigantescas.

Las sondas espaciales no pueden aterrizar en estos planetas gaseosos ya que no tienen ningún lugar donde hacerlo.

 En Júpiter, las nubes claras están más altas en la **atmósfera** y son más frías. Están hechas de cristales de **amoníaco**. Las nubes oscuras están más abajo en la atmósfera.

Júpiter y Saturno giran muy rápido. Ambos tardan unas 10 horas en dar una vuelta completa. Esta velocidad hace que las nubes se dispongan en bandas de colores, por lo que parece que estos planetas tienen rayas. También hace que los planetas parezcan tener mayor diámetro.

¡DATO ESTELAR!

Júpiter parece estar hecho de materiales como los del Sol. Parece una estrella que no creció lo suficiente para brillar.

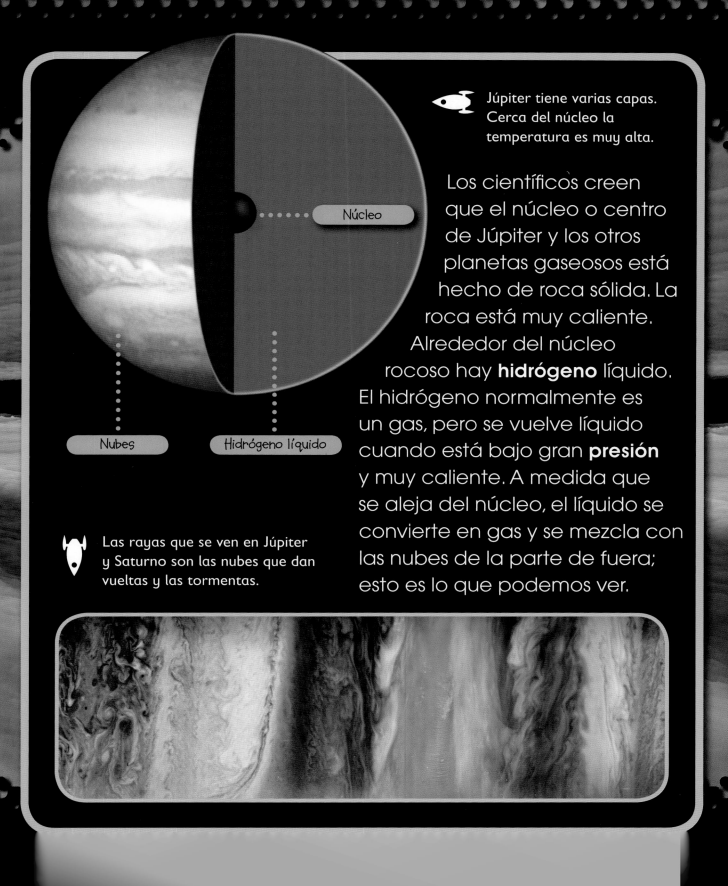

Núcleo

Nubes

Hidrógeno líquido

Júpiter tiene varias capas. Cerca del núcleo la temperatura es muy alta.

Los científicos creen que el núcleo o centro de Júpiter y los otros planetas gaseosos está hecho de roca sólida. La roca está muy caliente. Alrededor del núcleo rocoso hay **hidrógeno** líquido. El hidrógeno normalmente es un gas, pero se vuelve líquido cuando está bajo gran **presión** y muy caliente. A medida que se aleja del núcleo, el líquido se convierte en gas y se mezcla con las nubes de la parte de fuera; esto es lo que podemos ver.

Las rayas que se ven en Júpiter y Saturno son las nubes que dan vueltas y las tormentas.

Tiempo borrascoso

Gran Mancha Roja

Una de las cosas más increíbles de Júpiter es que tiene una tormenta muy grande llamada la Gran Mancha Roja.

Este torbellino gigante de nubes rojas mide más de 39.912 kilómetros de diámetro, tres veces el tamaño de la Tierra. Los científicos vieron esta Gran Mancha Roja por primera vez hace más de 300 años.

Júpiter y Saturno tienen tormentas de **rayos** que son mucho más grandes que las de la Tierra.

¡DATO ESTELAR!

La temperatura en la parte más alta de las nubes de Júpiter puede llegar a los -151°C. Eso es mucho más frío que la parte más fría de la Tierra.

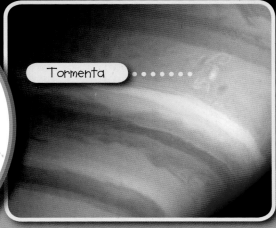

Tormenta

La Tormenta Dragón de Saturno tiene nubes claras y rayos.

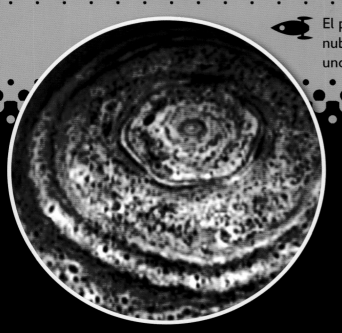

El polo norte de Saturno está rodeado de nubes con seis lados. Estas nubes tienen una profundidad de 72 kilómetros.

Los vientos en Saturno son seis veces más fuertes que los huracanes más potentes de la Tierra. ¡Pueden viajar a 1.770 kilómetros por hora!

Saturno también tiene tormentas, pero ninguna tan grande como la Gran Mancha Roja. La tormenta más extraña que se ha encontrado en Saturno tiene seis lados, ¡como un panal de miel!

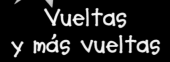

Tormenta

Vueltas y más vueltas

Llena un vaso transparente con agua hasta la mitad. Añade purpurina de colores. Remueve el agua dentro del vaso. Verás que la purpurina forma círculos sobre la superficie y dentro del agua. Las nubes de Júpiter y Saturno hacen lo mismo.

 Esta es una tormenta blanca de Saturno, con forma de punta flecha. La tormenta es más o menos del tamaño de la Tierra.

Saturno

Saturno es el sexto planeta desde el Sol y también es un planeta gaseoso con un núcleo, o parte central, pequeño y rocoso.
Saturno está diez veces más lejos del Sol que la Tierra. Aunque Saturno es más pequeño que Júpiter, sigue siendo enorme. Es tan grande que dentro podrían caber 763 Tierras.

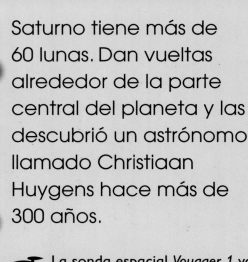

Saturno

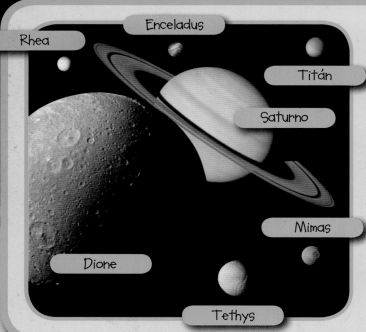

Rhea

Enceladus

Titán

Saturno

Mimas

Dione

Tethys

Saturno tiene más de 60 lunas. Dan vueltas alrededor de la parte central del planeta y las descubrió un astrónomo llamado Christiaan Huygens hace más de 300 años.

 La sonda espacial *Voyager 1* voló hasta Saturno en 1980 y fotografió las seis lunas principales del planeta.

Saturno da vueltas muy rápido, a 3.000 kilómetros por hora. Gira tan rápido que Saturno en realidad no es redondo como una pelota. Es más ancho por el centro y parece que está aplastado. Saturno tarda unas 10,5 horas en dar una vuelta completa.

Anillos

Tierra

Saturno es unas nueve veces más grande que la Tierra y, contando sus anillos, tiene un diámetro 21 veces mayor.

Los anillos de Saturno

¡DATO ESTELAR!
Los anillos parecen brillantes porque les da la luz del sol, lo que hace que el hielo brille.

Saturno no es el único planeta que tiene anillos. Todos los planetas gaseosos tienen anillos.

Los anillos están hechos de trozos de roca y hielo que se mueven alrededor del planeta. Estos trozos pueden ser de todos los tamaños, desde un grano de arena hasta el tamaño de un auto. Las rocas y el hielo que hay en los anillos probablemente provienen de los cometas, asteroides o lunas que se han acercado demasiado al planeta y se han despedazado.

A medida que Saturno orbita el Sol, se puede ir viendo la parte de arriba, el borde y la parte de debajo de los anillos. Esto hace que parezca que los anillos cambian de forma.

Algunos anillos son brillantes y parece que están llenos de trocitos de polvo, roca y hielo. Otros son de color mate y parecen estar más vacíos.

Los anillos son muy anchos, pero finos. Se extienden 270.370 kilómetros a lo ancho, pero sólo mide unos 20 metros de grosor. Si los anillos fueran tan finos como una hoja de papel, ¡todavía medirían 1.280 metros de ancho!

Los anillos de Saturno

Recorta una rosquilla de cartulina y decórala con purpurina. Clava palillos en medio de un pomelo y la cartulina en el otro extremo. Mueve tu modelo y mira cómo cambia la forma de los anillos y su brillo.

Cassini-Huygens

Saturno

Cassini

La *Cassini-Huygens* es una sonda espacial que explora Saturno, sus anillos y sus lunas.

Una sonda espacial es una nave espacial que no lleva pasajeros. Se envía al espacio para recoger información sobre un planeta o una luna.

La *Cassini-Huygens* se lanzó al espacio en 1997. Esta sonda espacial viajó 3.200 millones de kilómetros hasta llegar a Saturno. Esto es 9.000 veces más lejos que la distancia que separa la Luna de la Tierra. La sonda tardó siete años en llegar.

 A finales de 2008, la *Cassini* ya había orbitado Saturno 74 veces y había volado por delante de sus lunas, incluyendo Titán.

 La *Cassini-Huygens* se lanzó al espacio con un cohete.

Cassini y Huygens

La sonda *Cassini-Huygens* se llamó así por dos astrónomos famosos. En 1655, Christiaan Huygens descubrió Titán, la primera luna de Saturno. En 1675, Giovanni Cassini descubrió un espacio entre los anillos de Saturno.

La *Cassini-Huygens* era muy grande, más o menos del tamaño de un autobús. En realidad eran dos sondas espaciales en una. La *Cassini* orbitó Saturno y la *Huygens* aterrizó en la luna más grande de Saturno, Titán.

¡DATO ESTELAR!

Cuando *Cassini* llegó a Saturno, tuvo que meterse en un espacio que hay entre los anillos para poder orbitar el planeta.

Los científicos consiguieron información sobre Saturno con las cámaras y el equipo científico que había a bordo de la *Cassini*. Los científicos han descubierto unas 30 lunas nuevas y más anillos alrededor de Saturno. Incluso han llegado a ver algunas tormentas de rayos muy potentes.

 La *Huygens* se separó de la *Cassini* en primavera. A los 20 días, atravesó la atmósfera de Titán y bajó hasta la superficie con un paracaídas.

Titán

La luna más grande de Saturno se llama Titán.
Es la única luna del Sistema Solar que tiene una atmósfera densa con nubes.

La sonda espacial *Cassini-Huygens* llegó a Saturno en año 2004. La *Huygens* aterrizó en Titán el 14 de enero de 2005. Para suavizar la caída y que aterrizara en Titán, usaron paracaídas.

 Una vez que la *Huygens* había descendido lo suficiente, empezó a mandar información a la *Cassini*.

 Titán es como Venus. Tiene unas nubes tan densas que no se puede ver a través de ellas.

La sonda descubrió que en Titán había lagos grandes, ríos, mares y tierra. En esta luna hace mucho frío y el agua se congela. Los mares en realidad están hechos de **metano** líquido. El metano normalmente es un gas, pero se vuelve líquido cuando hace mucho frío.

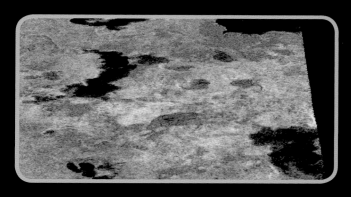

 La *Cassini* descubrió lagos de metano líquido en la superficie de Titán.

La sonda espacial también descubrió unas dunas gigantes, parecidas a colinas, compuestas de pequeños trozos de hielo y otros materiales.

¡DATO ESTELAR!

La *Huygens* utilizó un paracaídas de 8 metros de ancho para bajar hasta Titán. ¡Tardó más de dos horas en llegar a la superficie!

 La *Huygens* fotografió la superficie de Titán. Estas fotografías muestran montañas, valles, riveras y nubes.

URANO,

NEPTUNO

Y LOS PLANETAS ENANOS

Urano

Urano es el tercer planeta más grande, después de Júpiter y Saturno.
Podrían caber cuatro Tierras a lo ancho de Urano. Urano está detrás de Saturno y es el séptimo planeta en relación al Sol. Tarda 84 años en orbitar el Sol.

Urano es una bola verde azulada inmensa que está compuesta de distintos gases. Tiene un núcleo, o centro, compuesto por rocas y hielo. La superficie parece lisa, pero no es sólida, por lo que una **nave espacial** no podría aterrizar ahí.

¡DATO ESTELAR!
En Urano, el invierno dura 21 años y la mitad del planeta está a oscuras. Durante el verano, que también dura 21 años, el Sol brilla todo el tiempo.

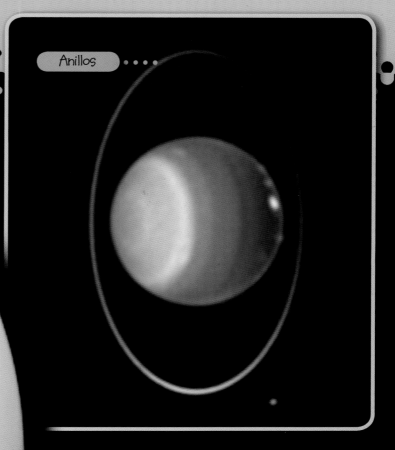

Anillos

 Los anillos de Urano son muy débiles y difíciles de ver. Los científicos tienen que usar **telescopios** especiales para verlos.

Los anillos de Urano van de abajo arriba. Los científicos piensan que hace muchos años, algo muy grande debió chocarse con Urano, haciendo que le diera media vuelta y por eso ahora gira de lado.

 Urano está hecho de gases. Un gas llamado **metano** hace que tenga ese color azul verdoso.

Descubrimientos

Cinco de los planetas se conocen desde hace miles de años ya que la gente los veía moverse lentamente en el cielo.

Urano fue el primer planeta que se descubrió. El 13 de marzo de 1781, el **astrónomo** William Herschel estaba mirando por el telescopio y vio algo que no estaba en su **mapa de estrellas**.

Cúpula

Telescopio

Además de descubrir Urano, Herschel también midió la altura de las montañas de la Luna de la Tierra y descubrió cuatro de las lunas de Urano.

Este telescopio de España recibe su nombre por William Herschel.

¡DATO ESTELAR!
A veces se puede ver Urano desde la Tierra. Parece como si fuera una estrella muy débil.

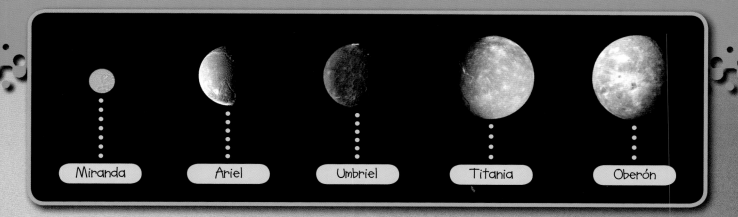

Miranda | Ariel | Umbriel | Titania | Oberón

Los astrónomos se dieron cuenta de que había un planeta que estaba el doble de lejos del Sol que Saturno. También pensaron que debía de ser otro planeta porque Urano nunca estaba donde creían que tenía que estar. Siempre se sentía atraído por la gravedad de algo muy grande. Investigaron con el telescopio y así descubrieron Neptuno, en 1846.

 Urano tiene por lo menos 27 lunas. Aquí se ven las cinco lunas principales. Herschel descubrió Titania y Oberón. Ariel y Umbriel las descubrió William Lassell en 1851. Miranda no se descubrió hasta 1948.

 Se tardó más de dos años en construir el telescopio más grande de William Herschel y fue el más grande del mundo durante más de 50 años.

Misiones espaciales

En 1977, se enviaron al Sistema Solar dos naves espaciales llamadas *Voyager 1* y *Voyager 2*. Las dos visitaron Júpiter y Saturno. La *Voyager 2* continuó su viaje para explorar Urano y Neptuno.

La *Voyager 2* tardó nueve años en llegar a Urano. Tomó fotografías del planeta y de sus cinco lunas principales. También descubrió diez lunas nuevas. Tres años más tarde, la *Voyager 2* voló hasta el polo norte de Neptuno y siguió hasta la luna más grande de Neptuno, Tritón.

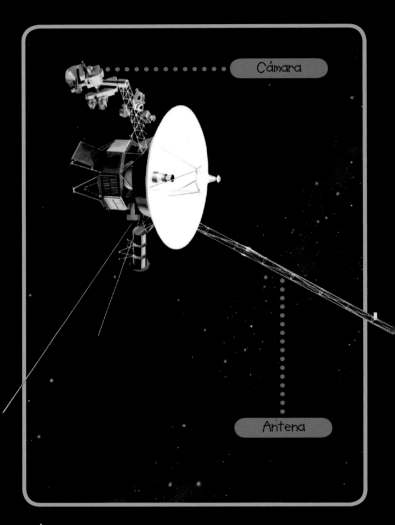

Cámara

Antena

 La *Voyager 2* tiene una cámara para que los científicos puedan obtener más información sobre los planetas.

 La *Voyager 2* fotografió al pasar el polo sur de Miranda, la luna de Urano. Esta luna tiene un diámetro de unos 190 kilómetros.

Compuerta para dejar entrar la luz

Antena

La *Voyager 2* es la única nave espacial que ha visitado Urano y Neptuno. Los científicos utilizan el **Telescopio Espacial Hubble** y otros telescopios muy potentes para obtener más información sobre estos planetas.

Panel solar

Antena

El Telescopio Espacial Hubble orbita unos 550 kilómetros por encima de la Tierra. Fotografía los planetas, las galaxias jóvenes y las estrellas que se están apagando.

¡DATO ESTELAR!

Los científicos siguen recibiendo información de la Voyager 1 y la Voyager 2 después de más de 30 años. Ahora ya están casi al límite de nuestro Sistema Solar.

Neptuno

Neptuno es el cuarto planeta más grande del Sistema Solar.

Neptuno está tan lejos que tarda 165 años en dar una vuelta al Sol. Más allá de Neptuno sólo hay planetas enanos, cometas y asteroides.

Neptuno es el cuarto planeta más grande del Sistema Solar. Es un poco más pequeño que Urano. Dentro de Neptuno podrían caber 58 Tierras.

Nubes

 Neptuno parece sobre todo azul, aunque tiene algunas nubes blancas. Estas bandas de nubes pueden llegar a medir hasta 200 kilómetros de ancho.

¡DATO ESTELAR!

Las **atmósferas** de los planetas están compuestas de distintos gases. Cuando los gases se enfrían, algunos se vuelven líquidos o hielo, lo que forma las nubes.

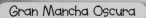
Gran Mancha Oscura

 Neptuno está hecho de distintos gases. Uno de esos gases, llamado metano, hace que tenga ese color azulado.

Neptuno es el planeta más ventoso del Sistema Solar. Los vientos pueden alcanzar velocidades de más de 1.500 kilómetros por hora, lo que es siete veces más rápido que la tormenta más grande de la Tierra. Hay tormentas enormes que son del tamaño de la Tierra.

 La Gran Mancha Oscura la descubrió la *Voyager 2* en **1989**. Ahora ya ha desaparecido.

¿De dónde vienen las nubes?

Llena un vaso con agua helada. No lo toques por 30 min. Mira el exterior del vaso. ¿Qué ves? El aire caliente está en contacto con el vaso frío y las gotas de agua en el aire se vuelven líquidas. Las nubes se forman de manera parecida, cuando el aire templado y el frío entran en contacto.

Anillos y lunas

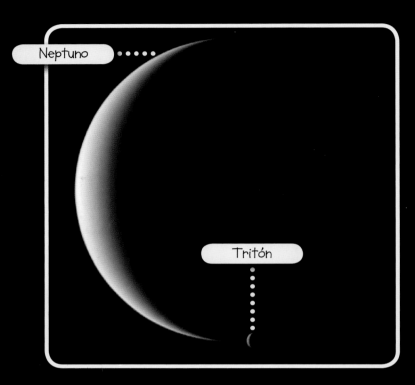

Neptuno

Tritón

Urano y Neptuno tienen anillos y muchas lunas.
Hasta ahora, los astrónomos han descubierto 27 lunas que orbitan Urano. Neptuno tiene 13 lunas.

La luna más grande de Neptuno es Tritón. Tritón tiene rocas, hielo y es muy fría, el objeto más frío que se conoce en el Sistema Solar. Es de color marrón rojizo y verde azulado con casquetes polares rosados.

Tritón gira alrededor de Neptuno en dirección contraria a las lunas normales. Tiene unos 2.500 kilómetros de diámetro, y es un poco más grande que Plutón.

Hielo

Tritón está cubierta de agua helada y gases helados. Dibuja una línea por la mitad de un vaso de plástico. Llénalo de agua hasta la línea. Ahora congela el agua. ¿Qué ha pasado? ¿El agua se ha expandido?

Casquete polar

La superficie de Tritón es una mezcla de hielos, lo que le da un aspecto marrón rojizo.

¡DATO ESTELAR!
Tritón tiene **volcanes** que lanzan polvo, gas y agua a 8 kilómetros de altura. Esta mezcla se congela y cae sobre Tritón como si fuera nieve.

Los astrónomos descubrieron los anillos de Urano en 1977. El planeta pasó por delante de una estrella y sus anillos hicieron que la estrella brillara. Los anillos de Neptuno son muy finos. Se descubrieron en 1981.

Neptuno tiene por lo menos seis anillos. Son muy débiles comparados con Neptuno, así que para observarlos, los científicos tienen que tapar a Neptuno.

Los planetas enanos

Los astrónomos descubrieron recientemente unos objetos grandes que se mueven alrededor del Sol.

Todavía no saben si estos objetos son nuevos planetas. Los planetas son cuerpos y objetos que se mueven alrededor del Sol.

Los planetas son redondos como una pelota. Son lo suficientemente grandes para apartar cualquier objeto, roca o hielo que se interponga en su camino. Estos objetos se pueden chocar con el planeta o quitarse.

Eris y Plutón están más lejos del Sol que Neptuno. Ceres está en el Cinturón de asteroides, entre Marte y Júpiter.

Eris

¡DATO ESTELAR!

Los astrónomos han descubierto unos 100 objetos con órbitas como la de Plutón. Se llaman Plutinos y entre ellos están Orcas, Ixión, Huya y 2003 AZ84.

94

Plutón

Ceres

Antes se pensaba que Plutón era un planeta. A pesar de que es redondo y que se mueve alrededor del Sol, no es lo suficientemente grande para ser un planeta. Los astrónomos ahora dicen que es un planeta enano. Hasta el día de hoy, los astrónomos han descubierto otros tres planetas enanos: Eris, Ceres y Caronte. Seguramente hay muchos más.

Haz un planeta

Espolvorea una bandeja con harina o polvo de cacao. Pasa por encima una pelota de arcilla para modelar. ¿Qué ha pasado? Los planetas se hacen más grandes al ir atrapando polvo. Los planetas son tan grandes que su gravedad también atrae el polvo hacia ellos, lo que arrastra consigo otras cosas.

Plutón

Plutón se descubrió en 1930 y antes se consideraba el noveno planeta.
Ahora los científicos piensan que es un planeta enano. Plutón es más pequeño que la Luna de la Tierra y la luna de Neptuno, Tritón. Plutón es frío, tiene hielo y es de color marrón.

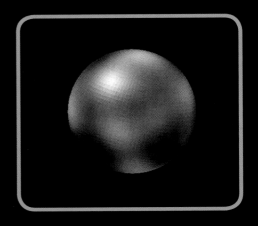

Plutón tiene dos lunas. Cerca de Plutón hay otro planeta enano llamado Caronte que se descubrió en 1978. Caronte tiene un diámetro de unos 1.300 kilómetros, algo más que la mitad del diámetro de Plutón. Plutón tiene dos pequeñas lunas que se llaman Hydra y Nix. Se descubrieron en 2005.

 Plutón está tan lejos que desde aquí nos parece que es de color gris.

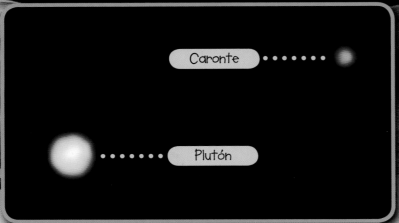

Caronte ·······
Plutón ·······

 Plutón y Caronte están muy lejos y es muy difícil verlos, incluso con telescopios grandes.

Plutón está tan lejos que todavía no lo ha podido visitar ninguna nave espacial. Hay una nave espacial llamada *New Horizons* que está yendo hacia Plutón. Se lanzó al espacio en 2006, pero no llegará allí hasta julio de 2015.

¡DATO ESTELAR!
El nombre de Plutón lo sugirió una niña de once años de Oxford, Inglaterra.

La *New Horizons* es la nave espacial más rápida que existe. Despegó de la Tierra y viaja a más de **16** kilómetros por segundo. Pasó por delante de Júpiter en tan sólo un año.

Fuente de energía

Plato de la antena

Eris y Ceres

Todas los planetas enanos son más pequeños que la Luna de la Tierra.

Eris es el planeta enano más grande. Es un poco más grande que Plutón. El tamaño de Ceres es sólo un tercio del tamaño de la Luna de la Tierra.

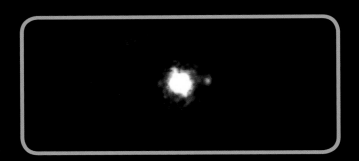

 Eris está tan lejos y brilla tan poco que ni siquiera se puede ver bien con el Telescopio Espacial Hubble. Su luna, Disnomia, está a la derecha.

Eris es uno de los grandes objetos más distantes que se han descubierto hasta ahora en el Sistema Solar. Está muy lejos del Sol, unas tres veces más lejos que Plutón. Está tan lejos y brilla tan poco que se descubrió hace poco, en 2003. Eris tiene una luna que se llama Disnomia.

 Los científicos creen que Eris es duro y rocoso.

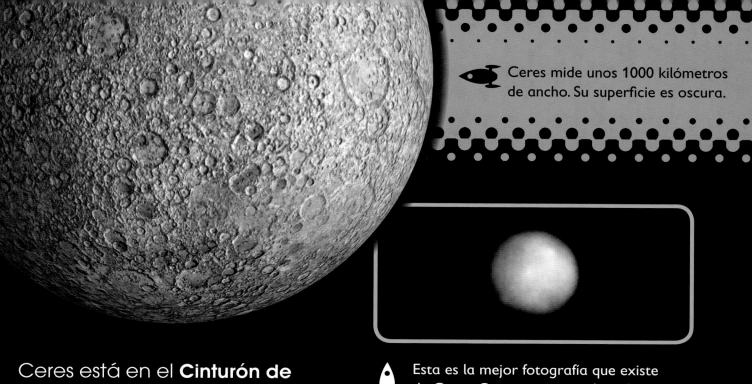

Ceres mide unos 1000 kilómetros de ancho. Su superficie es oscura.

Esta es la mejor fotografía que existe de Ceres. Ceres tiene manchas claras y oscuras y los científicos creen que tiene mucha agua.

Ceres está en el **Cinturón de asteroides**, entre Marte y Júpiter. Aunque es más pequeño que Eris, Ceres está mucho más cerca de la Tierra. También brilla más que Eris y por eso lo pudieron descubrir en 1801.

Una nave espacial llamada *Dawn* va en camino al Cinturón de asteroides para obtener más información sobre Ceres. Se lanzó al espacio en septiembre de 2007. Pasará por delante de Marte y después orbitará el asteroide Vesta antes de llegar a Ceres en febrero de 2015.

La *Dawn* ayudará a los científicos a obtener más información sobre cómo se formó el Sistema Solar.

ASTEROIDES, COMETAS Y METEOROS

Asteroides

Los asteroides son grandes masas de roca helada o metal que se mueven alrededor del Sol.

Hace más de 200 años, los **astrónomos** estaban buscando un nuevo planeta cuando encontraron los primeros asteroides. Estos asteroides están entre Marte y Júpiter, en el **Cinturón de asteroides**.

Gaspra fue el primer asteroide que se pudo ver de cerca con una sonda espacial. Mide unos 8 kilómetros de largo y 10 kilómetros de ancho.

Los asteroides suelen orbitar en grupos. Aunque hay muchos, están mucho más lejos de lo que parece.

Ida

Marte

Ida mide unos 50 kilómetros de largo, pero al igual que todos los asteroides, es pequeño comparado con un planeta como Marte.

Los planetas y los **planetas enanos** son redondos como una pelota. Los asteroides son mucho más pequeños y pueden ser de distintas formas y tamaños.

Algunos asteroides tienen formas muy raras. Cleopatra es un asteroide grande que tiene forma de hueso de perro.

Hay algunos asteroides que son tan grandes como un país pequeño. Muchos son del tamaño de una ciudad o un pueblo y hay millones de asteroides más pequeños, que son tan grandes como un campo de fútbol.

¡DATO ESTELAR!

Los asteroides más grandes son Vesta y Pallas. Están en el Cinturón de asteroides y cada uno mide unos 500 kilómetros de ancho.

El Cinturón de asteroides

En el Sistema Solar hay muchos asteroides y la mayoría van en grupos, como el Cinturón de asteroides que está entre Marte y Júpiter.

Casi todos los asteroides del Sistema Solar están en el Cinturón de asteroides. Hay más de un millón de asteroides que miden más de un kilómetro, el tamaño de diez campos de fútbol. También hay millones de asteroides más pequeños. El planeta enano Ceres fue el primer objeto que se encontró en el Cinturón de asteroides.

¡DATO ESTELAR!

Si un asteroide se acerca demasiado a un planeta, puede empezar a dar vueltas a su alrededor como si fuera una luna. Los científicos piensan que las lunas de Marte son asteroides del Cinturón de asteroides.

Tierra

Sol

Marte

Asteroides

Júpiter

 El Cinturón de asteroides se encuentra entre Marte y Júpiter. Tiene millones de asteroides.

Cometas

Un cometa es como una bola de nieve gigante y sucia, del tamaño de un pueblo o una ciudad.

Los cometas están hechos de hielo, polvo y pequeños trozos de roca.

A medida que los cometas se acercan al Sol, empiezan a derretirse. Se empiezan a rodear de gas y polvo. Cuando el cometa se mueve, arrastra el gas y el polvo por detrás. Esto es lo que forma la cola de los cometas.

 El gas y el polvo salen del planeta, formando la cola.

La cola de un cometa puede extenderse durante millones de kilómetros en el Sistema Solar.

¡DATO ESTELAR!

Los cometas en realidad tienen dos colas. El gas de la segunda cola se desplaza con el viento del Sol. Suele ser bastante difícil verla.

Diario del cielo

Pídele a un adulto que te ayude a mirar el cielo por las noches y apunta lo que ves en un diario. A lo mejor ves estrellas, unas más brillantes que otras.
¿Qué forma tiene la Luna?
¿Puedes ver algún cometa?

Desde la Tierra, los cometas se ven como unas manchas borrosas en el cielo y también se puede ver sus largas colas.
A veces se ven los cometas durante semanas. A medida que se mueven lentamente por el cielo, la cola va cambiando de tamaño y dirección.

Cola

 Los cometas parecen borrosos porque están rodeados de gas y polvo. En 2007, el Comenta Colmes parecía como una medusa gigante en el cielo.

Cometas famosos

Los cometas suelen aparecer con frecuencia, pero los mejores aparecen de improvisto. Tienen unas colas espectaculares y brillantes que se extienden por el cielo. Al cabo de unas semanas desaparecen.

El cometa más famoso es el Cometa Halley. Aparece cada 75 o 76 años. La gente lleva viendo este cometa desde hace más de 2.000 años. Su órbita llega tan lejos como Plutón.

 La última vez que se vio al Cometa Halley fue en 1886 y volverá en 2061.

Grandes cometas

Cometa Hale-Bopp

Se vio por última vez en 1997

Características especiales:
Tiene dos colas claramente visibles.

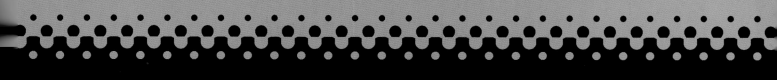

Cometa Hyakutake

Se vio por última vez en 1996

Características especiales:
Tiene una cola impresionante.

Cometa McNaught

Se vio por última vez en 2007

Características especiales:
Es tan brillante que se puede
ver durante el día.

Cometa West

Se vio por última vez en 1976

Características especiales:
No se va a volver a ver en
500.000 años

Edmond Halley (1656–1742)

Halley era un **científico** inglés. Pensaba que los
cometas que se vieron en 1531, 1607 y 1682
eran muy parecidos y se dio cuenta de que en
realidad eran el mismo. También pensó que se
volvería a ver en 1758 ¡y acertó!

Exploración

Para conseguir más información sobre los cometas y los asteroides, los científicos han enviado sondas espaciales.
La última vez que el Cometa Halley se acercó a la Tierra, la sonda espacial *Giotto* voló cerca para ver cómo era. El cometa era oscuro y tenía una estela brillante de polvo y gas.

Cometa Halley

Sonda espacial *Giotto*

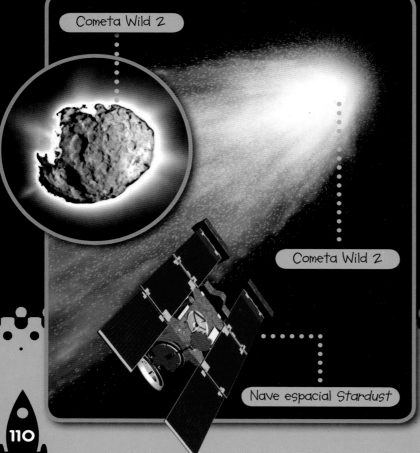

Cometa Wild 2

Cometa Wild 2

Nave espacial *Stardust*

 La sonda espacial *Giotto* vio que del núcleo o centro del Cometa Halley salían grandes chorros de gas.

La **nave espacial** *Stardust* atravesó volando la cola del Cometa Wild 2 y recolectó polvo. El polvo se llevó a la Tierra.

La nave espacial *Stardust* ha ayudado a los científicos a saber de qué están hechos los cometas.

La sonda espacial *Galileo* fue la primera que tomó una fotografía de un asteroide de cerca. También descubrió un asteroide que tiene una pequeña luna.

Hay naves espaciales que han aterrizado en los asteroides. La nave espacial japonesa *Hayabusa* ha recogido muestras de rocas y metal de un asteroide. Las traerá a la Tierra en 2010.

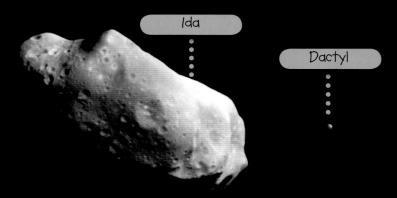

Ida

Dactyl

Ida es un asteroide que tiene su propia luna llamada Dactyl. Esta luna tiene un diámetro de unos 1.5 kilómetros.

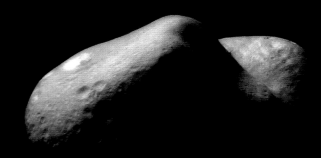

Polvo de estrellas

Los científicos usan una sustancia especial para recolectar polvo en el espacio. Con ayuda de un adulto prepara gelatina con más agua de lo indicado y deja que endurezca. Agrega dulces duros encima. ¿Cayeron hasta el fondo o quedaron a la mitad?

La sonda espacial *NEAR* tomó muchas fotografías del asteroide Eros. En 2001, esta sonda espacial aterrizó en su superficie.

Meteoros

En el Sistema Solar, además de asteroides grandes, también hay trozos más pequeños de roca, metal y polvo.
Estos objetos, que son del tamaño de un grano de arena, chocan contra la atmósfera de la Tierra continuamente.

 Los meteoros salen disparados rápidamente por el cielo. Aparecen de la nada, lanzan una luz muy brillante y de pronto desaparecen.

Cuando los pequeños trozos de roca y de metal chocan contra la atmósfera, se mueven muy rápido. Al viajar a través de la atmósfera se ponen muy calientes y brillan. Se llaman meteoros.

¡DATO ESTELAR!

Algunos meteoros son rápidos y otros lentos. Algunos son brillantes y otros más apagados. Algunos tienen colores y otros incluso explotan.

Los meteoros se ponen tan calientes que se queman en la atmósfera. Se pueden ver por la noche. Cuando un meteoro se quema, se ve como un rayo de luz en el cielo. Se llaman "estrellas fugaces".

Tierra

Las bolas de fuego a veces pueden ser tan brillantes como la Luna.

Las bolas de fuego son meteoros muy brillantes. A veces dejan una estela por detrás. La estela puede quedarse suspendida en el cielo durante unos segundos.

Meteoro

Los meteoros están unos **100** kilómetros por encima de la Tierra y viajan a unos **60** kilómetros por segundo.

Lluvia de meteoros

Si la Tierra atraviesa o pasa cerca del rastro de polvo que deja un cometa, se ven más meteoros de lo normal. A esto se le llama lluvia de meteoros.

Las lluvias de meteoros suelen ocurrir durante la misma época todos los años. Como la lluvia de meteoros proviene de distintos cometas, cada lluvia es ligeramente distinta de las demás.

Las mejores lluvias para ver son la Perseids, del 17 de julio al 24 de agosto, y la Geminids, del 7 al 13 de diciembre.

¡DATO ESTELAR!
Las lluvias de meteoros se nombran según la **constelación** de estrellas de la que parece que provienen los meteoros.

Busca meteoros

Para ver meteoros, el cielo debería estar oscuro y sin Luna y no deberías tener cerca luces brillantes. Si al mirar al cielo ves muchas estrellas, deberías poder ver meteoros. Los meteoros se mueven rápidamente por el cielo y sólo algunos son brillantes. Deberías poder ver dos o tres en veinte minutos.

 En una tormenta de meteoros, los meteoros brillan y cruzan los caminos que trazan las estrellas.

Meteoritos

Los meteoros grandes a veces no se queman por completo en la atmósfera de la Tierra. Si esto ocurre y llegan a la tierra, se llaman **meteoritos**. Hay dos tipos de meteoritos: de roca o de hierro.

En la superficie de Marte se encontró un meteorito de hierro. Era del tamaño de un campo de fútbol.

La mayoría de los meteoritos son de roca. Son restos de cuando se formaron los planetas o trozos de asteroides.

Las lunas rocosas y los planetas como Marte tienen muchos **cráteres**. Los cráteres son agujeros que dejan los meteoritos grandes al caer.

El meteorito que hizo el Cráter del Meteoro de la Tierra medía unos 50 metros de ancho. Los astrónomos están investigando los nuevos asteroides para que no nos sorprendan desprevenidos.

El Cráter del Meteoro, en Arizona, mide casi 1,5 kilómetros de ancho y 180 metros de profundidad. Aunque el agujero es muy grande, sigue siendo más pequeño que los cráteres que hay en la Luna.

¡DATO ESTELAR!

Los científicos piensan que algunos meteoritos son rocas que han caído de Marte y han viajado por el espacio hasta llegar a la Tierra.

Glosario

Amoníaco
Un gas que huele mucho.

Antena
Un cable que se usa para recibir señales de radio y televisión.

Asteroide
Un trozo grande de roca que es demasiado pequeño para ser un planeta o un planeta enano.

Astromóvil
Un astromóvil lunar es un auto que manejan los astronautas en la Luna.

Astronauta
Persona que viaja al espacio.

Astronave
Vehículo que viaja por el espacio.

Astrónomo
Persona que estudia el Sistema Solar, las estrellas y las galaxias.

Atmósfera
Capa de gases alrededor de un planeta o una luna.

Casquete polar
Capa de hielo en el polo norte o sur de un planeta o luna.

Científico
Persona que estudia las ciencias.

Cinturón de asteroides
Área entre Marte y Júpiter donde hay muchos asteroides.

Cometa
Un objeto en el espacio compuesto de rocas y hielo.

Constelación
Grupo de estrellas que recibe un nombre.

Corona
Gas caliente alrededor del Sol.

Cráter
Un agujero en la superficie de un planeta o una luna producido por un asteroide o cometa.

Dióxido de carbono
Un gas incoloro que necesitan las plantas para crecer.

Eclipse
Cuando la Luna se pone entre la Tierra y el Sol.

Eje
Una línea recta que pasa por la mitad de un planeta o una línea sobre la que gira.

Energía
Una fuente de poder, como
la electricidad.

Estación Espacial Internacional
Un laboratorio espacial muy
grande donde los astronautas
pueden pasar meses.

Gas
Una sustancia, como el aire, que
no es sólida ni líquida. El gas no
se puede ver.

Gravedad
Una fuerza de atracción entre
dos objetos grandes.

Hidrógeno
El gas más ligero.

Imán
Un trozo de metal que puede
atraer el hierro o el acero. Señala
hacia el norte o el sur cuando se
sujeta en el aire.

Inactivo (volcán)
Un volcán que ya no hace
erupción.

Lava
Roca derretida o líquida que se
ha enfriado y se ha vuelto sólida.

Magma
Roca caliente que hay en el
centro de un planeta o luna.

Mapa de estrellas
Diagrama del cielo nocturno en
el que se muestran los nombres y
las posiciones de las estrellas.

Metano
Gas natural.

Meteorito
Una pieza de roca o metal
que viene del espacio y llega a
la tierra.

Meteoro
Estela luminosa en el cielo
producida por un pequeño trozo
de roca espacial.

Órbita
La ruta que sigue un cuerpo
alrededor de otro, como la de los
planetas alrededor del Sol.

Oxígeno
Gas incoloro que necesitan
las plantas y los animales para
respirar.

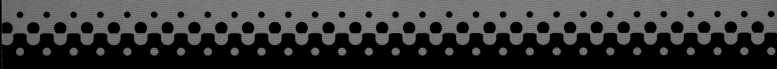

Panel solar
Un panel que convierte la energía del Sol en electricidad o calor.

Planeta enano
Un cuerpo rocoso que es más grande que un asteroide pero demasiado pequeño para ser un planeta.

Planicie
Una zona de terreno plano y liso.

Plomo
Un metal gris, suave y pesado.

Presión
Cuando algo está apretado o presionado.

Rayo
Una carga de electricidad grande que atraviesa la atmósfera.

Satélite
Un objeto hecho por el hombre que orbita la Tierra.

Sonda espacial
Una nave espacial que no lleva gente a bordo.

Sulfuro
Un químico amarillo sólido.

Telescopio
Instrumento para observar objetos que están muy lejos. El telescopio hace que el objeto parezca más grande.

Telescopio Espacial Hubble
Un telescopio que está orbitando la Tierra.

Tránsito
Cuando Mercurio o Venus pasan por delante del Sol.

Trasbordador espacial
Astronave que tiene alas para regresar planeando a la Tierra.

Volcán
Un lugar por donde el magma sale a la superficie.

Volcán activo
Un volcán que sigue en erupción.

Índice

Índice

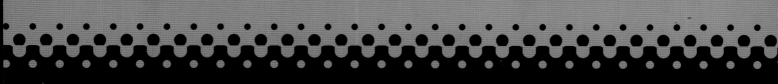

El Sol y la Luna

Nunca mire al Sol directamente, ni con binoculares o un telescopio. Los rayos del Sol pueden hacerle daño a la vista. Si quiere observar la Luna durante el día, asegúrese de que su hijo no mira al Sol con los binoculares. Podría dañarle la vista.

El Sol es mucho más grande que la Luna. Sin embargo, en el cielo parecen casi del mismo tamaño. Esto es un efecto de la perspectiva y se produce porque el Sol está mucho más lejos que la Luna. La Luna es 400 veces más pequeña que el Sol, pero el sol está 400 veces más lejos. El promedio de la distancia a la Luna es de 385.000 kilómetros. El Sol está a 150 millones de kilómetros de distancia.

Podemos ver la Luna porque refleja la luz del Sol. La Luna no es una fuente de luz.

Los eclipses solares ocurren cuando la Luna se pone entre el Sol y la Tierra. Los eclipses de Luna se producen cuando la Tierra se pone entre el Sol y la Luna.

Haga sombras con una linterna (el Sol) y una pelota (la Luna) para ver cómo se forma la Luna llena, la media Luna y los eclipses. Pídale a alguien que enfoque la pelota con la luz. Ahora vaya alrededor y mire la pelota desde distintos sitios. Podrá ver las distintas fases de la Luna.

Mercurio y Venus

Venus se puede ver fácilmente al amanecer o al atardecer.

Venus es caliente porque su atmósfera atrapa el calor del Sol. Puede comentar que la gente piensa que tenemos frío porque nos entra el frío. Sin embargo, es al revés, tenemos frío porque se escapa el calor. Hable de qué partes de la habitación están frías y calientes.

La transferencia de energía o calor se produce por conducción (de un objeto a otro: una cuchara de metal se pone

caliente cuando se mete en una bebida caliente), convección (cuando el objeto se mueve solo: el aire caliente se mueve en una habitación) y radiación (la energía la transportan las ondas, como la luz del sol).

También puede comentar cuáles son los mejores materiales para mantenernos calientes. ¿Por qué un abrigo nos mantiene más calientes que una camiseta? El aire caliente se expande y se eleva, así que lo normal es que salga de nuestro cuerpo (convección). Los materiales gruesos atrapan el aire caliente y evitan que salga del cuerpo.

Encontrar hielo en Mercurio parece imposible porque está demasiado cerca del Sol. Durante su largo día, Mercurio se pone mucho más caliente que el agua hirviendo. Sin embargo, algunos de los cráteres profundos cerca del polo norte de Mercurio siempre están a la sombra. La atmósfera de Mercurio es muy fina y no ayuda a mantener el

Es muy difícil ver Mercurio porque siempre está cerca del Sol. El Telescopio Espacial Hubble no puede tomar fotos de Mercurio por estar tan cerca del Sol.

Un día (de amanecer a amanecer) en Mercurio equivale a 176 días de la Tierra. Esto es el doble de lo que tarda Mercurio en dar una vuelta al Sol. El planeta gira tan despacio que cuando la *Mariner 10* voló cerca, la sonda espacial sólo pudo ver la mitad de su superficie. La otra mitad estaba demasiado oscura para verla.

La Tierra y Marte

La luz viaja en línea recta. Las sombras son una buena manera de demostrar esto. Si la luz pudiera girar en las esquinas, no habría sombras.

Utilice una pelota y una linterna para recrear el día y la noche. Haga una marca en la pelota y enfoque la luz. Cuando la luz da vueltas a la pelota, la mancha se mueve por dentro y por fuera de la luz.

¿Qué pasó con los cráteres? La Tierra y la Luna tienen la misma edad, pero la Luna está llena de cráteres. La Tierra también tiene cráteres, pero la mayoría se ha destruido o está escondid. Las placas tectónicas que forman la superficie de la Tierra se mueven continuamente. Esto y los volcanes han destruido algunos cráteres. El viento y el agua también erosionan la superficie. En la tierra y los océanos hay cráteres escondidos.

¿Por qué Olympus Mons es tan grande? Este volcán se formó por la lava que salía de debajo de la superficie de Marte. La lava dejó de salir hace mucho tiempo. Esto no podría suceder en la Tierra ya que la capa exterior de la superficie de la Tierra se mueve continuamente. A medida que la capa exterior se mueve, aleja el volcán de la zona caliente que hay por debajo y se forma un nuevo volcán. Esta es la razón por la que en la Tierra hay cadenas de volcanes. En Marte, no hay placas, así que los volcanes siempre estaban en el mismo sitio y se hacían cada vez más grandes.

Júpiter y Saturno

Júpiter y Saturno tienen grandes campos magnéticos que se extienden hacia el espacio.

Las nubes de Júpiter y Saturno dan vueltas alrededor de los planetas a distintas velocidades dependiendo de qué tan lejos estén del Ecuador.

Los científicos utilizan paracaídas para bajar las naves espaciales hasta donde haya atmósfera, como en Titán. Esto no se puede hacer con los planetas, las lunas o los asteroides a no ser que haya una atmósfera gruesa. En estos casos, los científicos usan cohetes para cambiar la velocidad de la nave espacial.

A veces se pueden distinguir los anillos de Saturno con un buen par de binoculares estabilizados,

pero para verlo bien hace falta un buen telescopio.

Sin un paracaídas, las sondas espaciales alcanzarían cada vez más velocidad al acercarse al planeta o la luna que van a visitar. Los paracaídas cubren un área grande. La resistencia que ofrece el aire con el paracaídas equilibra la fuerza de la gravedad del objeto que está cayendo y evita que baje más rápido.

Para ilustrar cómo la resistencia del aire está relacionada con el área, intente tirar una hoja de papel y mire a ver cuánto tiempo tarda en llegar al suelo. Después arrúguela y déjela caer. Caerá al suelo mucho más rápido porque el área afectada por la resistencia del aire es más pequeña.

Urano, Neptuno y los planetas enanos

¿Qué están haciendo ahora la *Voyager 1* y *2*? Ya han entrado en una de las partes más remotas del Sistema Solar, donde las partículas del Sol empiezan a encontrarse con las del espacio exterior. Siguen tomando medidas que ayudarán a los científicos a obtener información sobre las partes más externas del Sistema Solar.

A diferencia de la mayoría de los líquidos, el agua se expande al enfriarse y se convierte en hielo. Esta es la razón por la que las cañerías se pueden reventar si se congelan y por la que nunca se deberían meter botellas llenas de agua en el congelador, ya que cuando el agua se expande puede romper las botellas y las cañerías.

¿Por qué Caronte, el planeta enano que está cerca de Plutón, parece que siempre está en el mismo sitio en el cielo? Siempre vemos el mismo lado de la Luna porque rota a la misma velocidad que orbita alrededor de la Tierra. La Tierra gira de forma independiente y por eso la Luna sale y se esconde. Plutón

Plutón y Caronte siempre se están mirando a la vez que orbitan, con lo que desde Plutón, Caronte parece siempre estar en el mismo lugar en el cielo.

El descubrimiento de Eris fue un problema para los astrónomos, sobre todo cuando se dieron cuenta de que era más grande que Plutón. Si Plutón era un planeta, entonces Eris también tenía que serlo. Era probable que hubiera más cuerpos parecidos, con lo que parecía que podría haber muchos más planetas. Sin embargo, algunos astrónomos ya llevaban tiempo diciendo que Plutón no era un planeta propiamente dicho, así que decidieron crear la nueva categoría de planeta enano.

Asteroides, cometas y meteoros

El término asteroide se refiere a un cuerpo grande rocoso, normalmente de más de 1,5 kilómetros de diámetro.

Según algunas definiciones, cualquier objeto de más de 50 metros de diámetro es un asteroide. Los cuerpos que son más pequeños, como las piedras, rocas y partículas del tamaño de la arena se llaman meteoroides. Las partículas que son incluso más pequeñas se llaman micrometeoroides y polvo interplanetario.

La ducha de meteoros que más se ve es la Perseid, que tiene lugar desde finales de julio a mediados de agosto todos los años, con su punto máximo hacia el 12 de agosto.

A veces, la Tierra atraviesa una parte muy polvorienta de la órbita de un cometa y se ven tantos meteoros que realmente parece que está lloviendo. Esto es una tormenta de meteoros. Las Leónidas, que ocurren alrededor del 16 o 17 de noviembre, se conocen por sus espectaculares tormentas, pero sólo suceden cada 33 años.